「衣食足りて礼節を知る」は誤りか

戦後のマナー・モラルから考える

大倉幸宏
okura yukihiro

新評論

はじめに

「衣食足りて礼節を知る」――。衣服や食物が十分に足りてはじめて、人は礼儀や節度をわきまえられるようになる、ということを表した言葉です。もとは「倉廩《そうりん》〔穀物倉〕実ちて即《すなわ》ち礼節を知り、衣食足りて即《すなわ》ち栄辱《えいじょく》〔名誉と恥辱〕を知る」という一節で、古代中国の書物『管子』(1)に記されています。二〇〇〇年以上前の言葉でありながら、今なお広く知られているということは、それだけ真理を言い表した言葉であるとも考えられます。

ところが、今日の日本ではこれを真っ向から否定するような言説が、あたかも事実であるかのように語られています。

(1) 中国の春秋時代〔紀元前七七〇~紀元前四〇三頃〕の宰相管仲《かんちゅう》が著したと伝えられる七六編からなる書。先秦から漢時代にかけての政治・経済・文化などが儒家、道家、法家、陰陽家などの思想的な立場で記述されている。漢代までの間に、多くの人の手によって記述・編纂されたものとされる。

「日本は戦後、急速な経済発展を遂げて豊かになった。しかしその一方で、人々の心は貧しくなり、道徳は低下していった」

こうした言い回しについては、多くの人が定説のごとくとらえており、実際、耳にする機会が多くなっています。とくに近年は、「道徳の低下が顕著になっている」という指摘も少なくありません。事実、殺人、振り込め詐欺、企業・政治家による不正など、それを裏付けるかのような事件が日々報じられています。あるいは、路上に捨てられたゴミ、列車内で高齢者に席を譲らない若者、行列に割り込む人など、マナー・モラルの低下を象徴するような事例はよく目にするところです。

日々メディアが報じる事件や、日常生活のなかで直接目にする出来事をあわせて考えると、「やはり、日本人の道徳水準は低くなったのでは……」という結論に至っても不思議ではないでしょう。

他方、海外との比較において、日本の治安のよさや日本人のマナー・モラルの高さがメディアで取り上げられることがしばしばあります。なかでも、二〇一一年三月一一日に起きた東日本大震災に際しては、人々が冷静に秩序ある行動をとっていた様子が海外メディアで報じられ、世界中で賞賛の的となったことは記憶に新しいところです。混乱のなか、人々が助け合い、道を譲り合い、物資を分け合っていたという事実は、日本人がいかに高い道徳心を身に付けているかを示す好例と言えるでしょう。

今日、こうした相反するような言説が並存しています。いったい、日本人のマナー・モラルは高いのでしょうか、それとも低いのでしょうか？　もし低いのなら、それは戦後の経済発展に逆行する形で進行していったのでしょうか？　また、諸外国におけるマナー・モラルの水準は、日本をさらに下回っているのでしょうか？　あるいは、今日の日本人の道徳水準は、総体的に見れば十分高い水準にあると言えるのでしょうか？

本書では、こうした疑問を解くため、日本が戦後に経済発展を遂げていくなかで、人々のマナー・モラルがいかに変化していったのかを考察していきます。なかでも、日本人が「衣食足りて」の段階へと進んだ昭和三〇年代～四〇年代に重点を置きながら、日本社会の状況を分析します。そして、今日の日本人の道徳水準をいかにとらえるべきか、そのメンタリティーにも踏み込みながら、一つの視点を提示していきます。

なお、本書の姉妹編とも言える『「昔はよかった」と言うけれど――戦前のマナー・モラルから考える』を読まれた方は、先に記した疑問の答えはすでにお分かりかと思います。ただ、前著で触れなかった点、すなわち戦後におけるマナー・モラルの変遷、そしてその変化をもたらした背景などについては、本書を読むことで知っていただければと思います。

本題に入る前に、本書のサブタイトルで用いた「マナー・モラル」という言葉について少し説明を加えておきます。

まずマナーは、日本語では「行儀・作法・礼儀」という言葉に置き換えられます。厳密には、マナーと日本語の行儀や作法は同義ではありませんが、大まかに「こういう場面ではこうすべき」という一定の行動様式が決められたものを指します。「映画の上映中は私語を慎む」、「電車内では座席に荷物を置かない」といった事柄がその一例です。マナーは個人の判断で行われるもので、守らなかったとしても基本的に罰則は科されません。これに強制力が加わったものがルール（規則）となります。ルールを破った場合は罰則を科されることがあります。

一方のモラルは、日本語では「道徳・倫理」に相当します。何が正しく、何が正しくないかを判断し、正しいとされる行いをするための規範を指します。ルールのように必ずしも明文化されているわけではなく、時代によっても、所属する社会によっても異なります。

「マナー」と「モラル」、そして「ルール」はそれぞれ違う意味をもちますが、重なる部分も多々あります。一例として、電車のなかで高齢者に席を譲るという行為が挙げられます。この行為をすべきということは明文化されていますし、ポスターや車内のアナウンスなどで実行が促されることも多く、実際「マナー」として定着しています。また同時に、席を譲るということは、そもそも高齢者を気遣うという「モラル」に基づく行為でもあります。

特定の行為について、「マナー」と「モラル」のいずれの問題か、厳密に線引きすることが難しいケースは少なくありません。研究書などでは、両者を明確に区分して扱う場合もありますが、「マナー・モラル」というひと括りの言葉としてとらえるケースも一般的になっています。本書でも、便宜上「マナー・モラル」という表記を用いて論を進めていくことにします。

マナー・モラルに反する行為については、「迷惑行為」という言葉も使用しています。マナーに近い意味をもつ「エチケット」、モラルとほぼ道義の「公衆道徳」という言葉は近年あまり使われなくなりましたが、本書では、文脈に応じてこれらも使用しています。

また、ひと言で「マナー・モラル」と言ってもその内容は多岐にわたります。同時に、その基準や背景は時代によって異なるため、戦後間もないころと今日の社会を同列に論じることは難しい場合があります。とくに本書の前半では、日本における年代ごとの変遷・違いを見いだすことに主眼を置いていますが、こうした事情を考慮し、できるだけ各時代に共通して見られる事象、あるいは関連性のある事柄を中心に取り上げていきます。

ただ、いずれの事例についても、それが本質的な意味においてマナー・モラルの問題であるかどうかはひとまず問いません。各問題を厳密にどのようにとらえるかについては、本書の最後で触れることにします。

本書では、古い新聞・雑誌の記事を多数引用しておりますが、記載するに際しては読みやすさを優先しました。歴史的な仮名遣いは現代仮名遣いに、旧字体は新字体に適宜変換しています。同時に、難解な表記はひらがなに置換したほか、ルビを追加したりしました。なお、引用文中における〔 〕内の記述は筆者による補足です。

もくじ

第2章　日本人のマナー・モラルはいつ変化したのか

第3章　何がマナー・モラルに変化をもたらしたのか ―― 99

「衣食足りて礼節を知る」は誤りか——戦後のマナー・モラルから考える

第1章 日本人のマナー・モラルはいかなる水準だったか

1 昭和二〇・三〇年代の日本を振り返る

終戦直後の混乱期

一九四五（昭和二〇）年八月一五日を境に、「戦後」という時代がはじまりました。新たな時代の幕が開いたとはいえ、それが大きなマイナスからのスタートだったことは周知のとおりです。戦争によって受けた深い傷は、日本社会の秩序にも大きな影響を及ぼしました。

終戦直後は、強盗、窃盗、詐欺などさまざまな犯罪が横行しました。食糧難、住宅難、衛生環境の悪化といった大きな課題に直面した人々にとっては、まず生き延びることが第一で、マナー・モラルは二の次だったのです。

一九四七（昭和二二）年に栄養失調で亡くなった東京地裁の山口忠良《やまぐちただよし》判事の例(1)を出すまでもなく、衣食が足りていない状況下で人々に礼節を求めるのは酷と言えるでしょう。

当時の風潮について、一九四七年九月一四日付の〈讀賣新聞〉は次のように記しています。

――凶悪犯罪の頻発、青少年犯罪の増加、ヤミの女の横行など戦後社会の暗い面は依然として続いている。もちろんこれらの傾向は戦後社会に通じる一般的な傾向で、必ずしも日本特有の問題ではない。戦争による日本経済の破壊の深さから考えると、現在程度の思想の悪化は当然のことで、見方によればまだうまくおさまっている方かもしれない。問題は表面に現われた世相の一面にあるのではなく、むしろその背景にある一般人心の荒廃、家庭や職場あるいは一般社会の無秩序に慣れ、これを当然とするような社会的風潮にある。

（1）違法なヤミ米を拒否し、配給される食糧だけで生活することを貫いたために一九四七年一〇月一一日に死去。日記には、「食糧統制法は悪法だ。しかし、法律としてある以上、国民は絶対に服従しなければならない。自分は平素ソクラテスが悪法と知りつつもその法律のために刑に服した精神に敬服している。今日、法治国の国民にはこの精神が必要だ」と書かれていた。

上野の地下道にたむろする人たち。終戦後、東京では多くの人が路上で生活をしていた（1947年２月１日）（写真提供：東京都）

戦争で打撃を受けた社会において、一時的に秩序が乱れるといったことは避けられません。ただ、〈讀賣新聞〉が指摘しているとおり、人心の荒廃、社会の無秩序が恒常化してしまうのは大きな問題です。政府は、各種政策によってこれを食い止めようとしました。その甲斐もあってか、社会は徐々に秩序を取り戻します。一九四九（昭和二四）年二月二一日付の〈朝日新聞〉は、終戦から三年半を経た日本社会の状況について次のように伝えています。

終戦直後の名状しがたい社会生活の混乱は、最近よほどおさまってきた。ひところのように、汽車や電車の腰掛の布を手当り次第に切りとったり、老人子供を突き飛ばし、窓ガラスを破って我勝ちに乗込むといったあさましい光景も少くなったし、一方取締の側に立つ警察官や列車の車掌、警備員などの態度にも、たしかに親切味が出てきた。しかしそれも比較の問題であり、当り前といえば当り前のことであって、必ずしも生活の規律やモラルが向上したと手離〔ママ〕しに楽観する材料にはならぬ。

列車の腰掛の布を切りとる。老人や子どもを突き飛ばし、窓ガラスを割って列車に乗り込む。これらは明らかに犯罪で、決して許される行為ではありません。しかし、生きるために物資・食糧を手に入れようと必死になっているという事情を考慮すれば、一概に咎《とが》めることはできないで

しょう。ただ、当時の人たちに見られたこのようなマナー・モラルに欠ける行為は、すべて戦争によってもたらされた窮乏が原因だったのでしょうか。残念ながら、そういうわけではありません。先の〈朝日新聞〉は続けて次のように記しています。

> 往来でツバを吐くことは軽犯罪法で禁ぜられているのに、取締るものの目がないと見れば、往来はおろか汽車の人混みの中でさえ平気でツバを吐くし、電車に乗って「禁煙」の制札の下で煙草をふかすことくらい、まるで当り前といった顔つきでいる。

戦後の混乱期といった事情を差し引いたとしても、これらがマナー・モラルに反する行為であることは明らかです。とはいえ、こうした行為は一九四五（昭和二〇）年を境に現れた現象ではありません。実は、戦前からこのような振る舞いは日常茶飯事だったのです。

列車に関する事柄にかぎってみても、戦前はマナー・モラルに欠ける行為の事例に事欠きません。列に並ばずに我先に乗り込む。窓から列車に乗り込み、席を占有する。高齢者らに席を譲らない。床に痰・唾を吐く。弁当箱、食べ物の包み紙、飲み物入った瓶などを車内の床に放置する、あるいは窓から投げ捨てる。車内で服を脱ぎ、半裸になる。車内で化粧や着替えをする。[2] つまり、日本人のマナー・モラルに関して、戦争による歴史の断絶はなかったということです。

作家の坂口安吾《さかぐちあんご》（一九〇六～一九五五）は、終戦の翌年に発表した『堕落論』のなかで、戦争中は命を賭けて戦っていた若者たちが今では違法な闇屋となっているといった事例を挙げ、「人間が変わったのではない。人間は元来そういうものであり、変わったのは世相の上皮だけのことだ」（前掲書、九一ページ）と述べています。文脈は多少異なるものの、坂口が指摘したとおり、人々のメンタリティーは戦前と何も変わっていないのです。

けしからん罪

続く昭和三〇年代における日本人のマナー・モラルは、いかなるレベルにあったのでしょうか。その象徴的な事例として、大阪府警が一九五八（昭和三三）年九月に発表した「けしからん罪」を見てみましょう。この「けしからん罪」というのは正式な法律ではなく、主に街中においてマナー違反とされる行為をまとめたものです。いずれも軽犯罪法などに触れる行為で、警察はその取り締まりと追放に取り組みました。条文は六六項目にわたっていますが、当時の社会を知るうえで参考になりますので全項目を以下に挙げておきます。

一　電車、バス等の車内駅およびその周辺

1　車内で婦女の手を握り、または背中のファスナーをはずす等の行為

2　車内で汚れた服装を人の身辺にすりつけいやがらせをする行為
3　車内で喫煙をし他の乗客に煙を吹きかけ迷惑をかける行為
4　車内で座席に横臥《おうが》し、客に迷惑をかける行為
5　車内で放歌高吟《ほうかこうぎん》し、(3)客に迷惑をかける行為
6　車内でわい談をし、客に迷惑をかける行為
7　車内で酒に酔い、他の客にしつこく話しかける行為
8　車内でことさらよろめいて迷惑をかける行為
9　事内で老人、子供等を押しのけ座席をとる行為
10　車内でことさらに婦女子の身体に触れ迷惑をかける行為

---

(2)　詳しくは、拙著『「昔はよかった」と言うけれど――戦前のマナー・モラルから考える』を参照。
(3)　周りを気にせず、大声で歌うこと。

昭和20年代の大阪市中央区道頓堀戎橋の様子。ここは、今日も大阪有数の繁華街として知られている（出典：『大阪懐古』82～83ページ）

11 車内にタンツバをはく行為
12 乗車口または切符売場に並んでいる列に割り込む行為
13 乗車口または切符売場に並んでいる列を押しのけ乱す行為
14 タクシー運転手が客につきまとい乗車を強要する行為
15 車掌等をからかい、業務の妨害をする行為
16 車内から火のついたたばこを車外に投げる行為
17 車内から花火に火をつけて車外に投げる行為
18 みだりに運転者等に話しかける行為
19 みだりに物品を車外に投げる行為
20 車内における物品販売行為

二 **公園、行楽地等**

1 公園等にある燈火を消す行為
2 公園等の建物または木の下でたき火をする行為
3 公園等で空気銃等を使用する行為
4 公園、行楽地等の中でアベックをからかい、石、砂等を投げる行為

5　ボートに乗っているアベックをからかって水をかける行為

6　ボート上から岸のアベックに水をかける行為

7　投げ玉[4]を婦女の足もとに投げつける行為

8　人畜にかみつくくせのある犬を公園等に放つ行為

9　公園等のベンチ等に臭気の強い汚物等を投げつけ、使用困難にさせる行為

10　公園等の草木の花を取って、人に投げつけたり、木をゆすって花を散らす等の行為

11　泥酔して公園等を集団でねり歩く行為

12　公園の入口付近で集団でたむろし、口笛を吹き、アベック等をひやかす行為

13　公園等のベンチを横に倒したり、方向をかえる行為

14　飲料水の空びんを石等に投げつけ破損させる行為

15　公衆の目に触れる場所で、しり、もも等を露出する行為

16　公園内の便所をのぞく行為

17　他人のバンガロー内をのぞく行為

18　公園等でたん・つばをはき、大小便をしたり、させる行為

（4）地面に叩きつけて音を出す花火。「かんしゃく玉」「クラッカーボール」とも呼ばれる。

19 公団、行楽地の立札、禁札を取りはずしたり、方向をかえたり、または落書をする行為

三 **一般道路および繁華街**

1 道路または門柱にある燈火を消す行為
2 前方を歩行中のアベックをひやかし小石等を投げる行為
3 歩行中の婦女に投げ玉を投げる行為
4 通行中の婦女の身体の一部をねらって石等を投げる行為
5 道路上にたんつばを吐き、大小便をしたり、させたりする行為
6 街頭の囲碁、将棋に勝って帰ろうとする者を、なおも参加するようひき止める行為
7 道路上で、通行中の婦女を取りかこみつきまとう行為
8 スナップ写真を撮り、住所を聞くためつきまとう行為
9 商店の看板、植木等の位置をかえたり、木を引き抜く行為
10 夜店等の露店をひやかし、いたずらして営業を妨害する行為
11 露店等で誤解させるような事実をあげて広告する行為
12 諸車乗入禁止道路に自転車等を乗り入れる行為
13 道路上に無許可で露店、屋台店を出す行為

14　交通の妨害となるような方法で、道路上に寝そべり、もしくは停止し、またはすわり込む行為

15　交通の妨害となるような程度に泥酔してふらつき歩行する行為

16　沿通の空地もしくは建物から道路上に人寄せをする行為

四　興行場内およびその周辺

1　人の身体に重大な害を加えるような器具をかくして携帯する行為

2　劇場内でいやがる女性の手を握り、尻等に触れる行為

3　劇場内で異様な音を出したり、大声を出す行為

4　劇場内で空席にハンドバッグその他手回品を投げ先占権を主張する行為

5　劇場の二階から紙片や物を投げる行為

6　劇場内で喫煙し、婦人客の方に煙を吹きかける行為

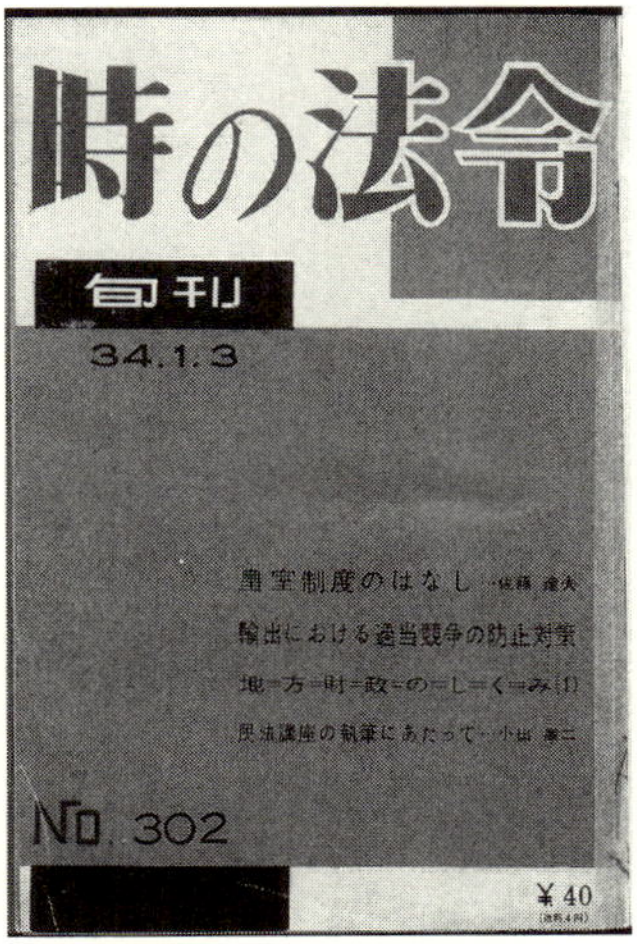

1950年に発行された『時の法令』
（国会図書館所蔵）

7　座っている婦女子に淫《みだ》らな話をしかけたり、いたずらして迷惑をかける行為
8　入場券を買うため並んでいるのに無理に割り込む行為
9　劇場内の便所をひそかにのぞき見る行為
10　劇場内のいすにチュウインガムやたん等を吐く行為
11　入場券の購入方を要求してつきまとう行為
（「〝けしからん罪〟の追放——大阪府警が発表した街のエチケット違反六六項目」『時の法令』一九五〇年一月三日、四三〜四七ページ）

先に記したとおり、いずれの条文も現行法に抵触《ていしょく》する行為です。たとえば、冒頭の「一の1」や「一の10」の婦女に対する行為は、公然わいせつ罪、強制わいせつ罪にあたります。「一の16」や「一の17」のように、車内からタバコや花火を投げる行為は道路交通法に抵触します。そのほかの項目についても、ほとんどが軽犯罪法に該当します。すでに取り締まる法律があるにもかかわらず、あえて具体的に条文として提示したということは、それだけこれらの行為がはびこっていた証左とも言えます。

条文のなかには、「アベック」や「投げ玉」など、時代を感じさせる言葉もありますが、今日でも見られる行為が少なくありません。とはいえ、こうした幼稚な行為を具体的に示して取り締

まらねばならない状況は、今日の感覚からすれば驚きですらあります。

「車内で放歌高吟《ほうかこうぎん》し、客に迷惑をかける行為」（一の5）、「車内でタンツバをはく行為」（一の11）、「車掌等をからかい、業務の妨害をする行為」（一の15）、「公園等にある燈火を消す行為」（二の1）、「ボート上から岸のアベックに水をかける行為」（二の6）、「劇場内のいすにチュウインガムやたん等を吐く行為」（四の10）などは、現在では珍しい部類に入るでしょうが、当時はこうした非常識な行為が日常的に行われていたのです。

石を投げるイタズラ

「けしからん罪」に書かれている「公園等にある燈火を消す行為」（二の1）、すなわち照明を消すという行為は、当時、各地で問題になっていました。スイッチを切ったり電球を緩めたりする程度ならともかく、石を投げたり、パチンコ玉を飛ばしたりして電球を破壊するという事件が多々起きていたのです。被害に遭ったのは公園の照明にとどまりません。街灯や地下道の照明なども頻繁に壊されていました。

犯人は、未成年者が多かったようです。「器物損壊罪」という立派な犯罪が成立する行為ですが、犯人が特定されても多くはイタズラと見なされ、注意をする程度で済まされていました。ただ、照明を管理する自治体などは、その修繕・取り替えにかかる費用がかさんで、大きな悩みの種となっていました。

照明が頻繁に壊されるという事件は、この時代特有のものではありません。実は、戦前からよくあった出来事なのです。電気が普及する前、照明にランプが使われていた時代にも、ガラスに石を投げたり、棒をぶつけたりして壊すという犯罪が多発していました。こうしたモノを壊すというイタズラは、日本では古くから続けられてきた悪しき風習だったのです。

照明を壊すためにもっとも多く使われたのは石でしたが、石を投げる行為が、列車に向けられるという事例も後を断ちませんでした。とくに昭和二〇年代、三〇年代には、列車に対する投石事件が頻発しています。投げられた石で窓ガラスが割れ、乗客や乗務員が重傷を負ったというケースも少なくありません。一九六五（昭和四〇）年七月には、新幹線に投石と見られる物体が衝突し、正面ガラスが割れて運転士がケガを負っています。

今日でも、列車などへの投石事件はたびたび発生しています。近年では、酒に酔った乗客が停車中の列車（JR東海道本線）から降り、車掌室に向けて石を投げるという事件がありました（二〇一五年一一月一二日・東京都大田区蒲田）。この事件では、列車が運休を余儀なくされるという影響が出たこともあり、比較的大きなニュースとして報じられました。

一方、昭和二〇年代から三〇年代ごろは、こうした事件がそれほど珍しくなかったこともあり、新聞でもあまり大きく報じられていません。当時はほかに重大な事件が多発していたため相対的に扱いが小さかったという事情もありますが、ケガ人が出るようなケースがあっても、ニュースとしての扱いは大きくありませんでした。

多くの場合、投石はイタズラ半分で行われていたようですが、ガラスを割ったり、人にケガをさせたり、あるいは列車の運行を止めてしまったりするのは重大な犯罪です。街灯や列車への投石にかぎらず、当時は公共のモノを破壊される事件が多く発生していました。

また、同じ石を使った犯罪では、線路への置き石も頻繁に起きています。もちろん、これを原因とする列車の脱線事故も数多く発生しています。投石と同様、置き石の多くは未成年者によるイタズラでした。そうした事件による損害はかなりの額に上り、深刻な社会問題になっていました。

2　外国人が語る日本人の印象を知る

日本人の礼儀

「もはや戦後ではない」と『経済白書』に記されたのは一九五六（昭和三一）年です。その前年、一人当たりの実質ＧＮＰ（国民総生産）が戦前の水準を上回るようになりました。高度経済成長期に入った日本は、これ以後、飛躍的な経済発展を遂げていきます。そのころの日本人のマナー・モラルについて、当時、日本を訪れていた外国人の評価をとおして見てみましょう。

一人目に挙げるのは、フランス人ジャーナリストのアルフレッド・スムラー（Alfred Smoular, 1911～1994）です。彼は知日派《ちにちは》のジャーナリストとして知られ、のちに『ニッポンは誤解されている――国際派フランス人の日本擁護論』（一九八八年）を著し、欧米人が日本人に対して抱く悪しきイメージを正しています。

同様に、一九五五年に〈アサヒ・イブニングニュース〉に寄せた記事でもおおむね日本人を好意的に描いていますが、「日本人は世界で最も礼儀正しい国民である」とする一般論に対しては、「例外を除いて、東京ではこれは明らかに真実ではない」（朝日新聞・一九五五年六月一九日付）と断言しています。

東京の人も礼儀のオキテはあるのだが、汽車、電車、自動車、飛行機、映画などの発明以前に作られたオキテなので、これらのものには適用されていない。他の環境ではきちんとしている人たちが不必要に押し合い、へし合い、完全な野蛮人の如く振舞う。電車から降りることは冒険であり、上着を吹っとばす覚悟がいる。映画のキップを買う時も同様、肉体的な邪魔が現われる。飛行機のように座席数のきまっているものですら人が押し合う。

東京の人はカサを横に抱えて、隣りの歩行者に痛い思いをさせるクセがある。別に意地悪くしているのではなく、他人への思いやりがないのだ。自動車運転手が車をぶつけて逃げるのも同様。捕えればきわめて礼儀正しく捕まる。（同紙）

スムラーは、「東京の人も礼儀のオキテはある」としながら、列車などの乗り物の中や駅、映画館といった近代以降に造られた場所においてはそれが守られていないことを指摘しています。一方で、「他の環境ではきちんとしている」とも述べています。社会が近代化する前は礼儀正しかった、という意味にもとれますが、公共の空間で無礼な振る舞いをする日本人に対してスムラーは、決してよい印象を抱いていなかったようです。

ロシア（旧ソ連）の作家イリヤ・エレンブルグ（Ilya Ehrenburg, 1891～1967）も、その著書『日本印象記』（一九五七年）で同様の指摘をしています。

日本人は礼儀正しい。言語は話し相手に対する尊敬を表わす複雑な変化に富んでいる。〔中略〕しかし、街の人混みのなかにいる時や、バスやデパートのなかでは、日本人はしばしば人をかき分けて前へ出ようとするし、その場合には格別の礼儀も見られない。私生活と街頭とは別問題なのだ。（同書、二二一～二二三ページ）

エレンブルグは三週間という短い滞在期間のなか、鋭い眼で日本人の行動・習性を観察しました。彼は、決して批判的に日本人をとらえていたわけではありません。その著書からは、むしろ好意的に見ていたことが分かります。ただ、スムラーと同じく、公共の場に出た途端に礼儀を失ってしまう日本人の習性には、苦々しい思いを抱いていたようです。

公共空間における日本人

もう一人、当時日本電機の顧問を務めていたフランセス・A・ガントレット（Frances A Gauntlett）は、旅行で日本各地を回ったときの印象を次のように述べています。

――日本を旅してもっともおどろくべきこ

開都500年記念大東京祭。太田道灌の江戸城築城から500年を祝い、全都をあげて盛大に行われた。沿道は大勢の人で混雑している（1956年10月３日）（写真提供：東京都）

とは、国民の大多数が礼儀正しいこの国で、少なくともその九〇%が美しい自分たちの国内を旅行する時でさえ、とたんに横柄になるように見うけられることです。わたくしはここでどこの国でもお目にかかるガラの悪い連中のことを話しているのではない。並みの、ごくありふれた男性や女性のことをいっているのです。〔中略〕

長旅のおりなど、食堂車で席を見つけることがむずかしいので、駅弁を買ったり、食べものを持ち込む必要はわかる。けれども食べがらをそこらじゅう車床にまき散らすことについてはどんないいわけも許されない。わたくしの友人やわたくし自身がしているように、この人たちもくず物や紙、あきびんを入れる大きな紙袋を使うことができるはずです。（讀賣新聞・一九六二年一月二一日付）

ガントレットは、このほかにも、車内で上着や履物を脱ぐ人、座席を占領して寝転ぶ人の例を挙げ、「かれらは自分の家を離れたとたんにおえらがたになるんです」と非難しています。さらに、列に並ぶよう注意した女性車掌に向かって、「女のくせにそんな口のききかたをするな」とわめく男性を厳しく指弾しています。

「礼儀正しい」や「親切」といったキーワードで語られる日本人について、一方で公共精神に欠けるといった指摘をするのは彼女らにかぎったことではありません。すでに戦前から、日本を訪れた外国人に言われ続けてきたことなのです。日本人のなかからも、こうした悪しき習性をあらためるべきという声は多く挙がっていました。

ガントレットは次のように話を締めています。

一般に日本人は友人にだけでなく外国人に対しても度がすぎるほど親切なのに、旅に出て、切符代を払って汽車やバスなどの公共の交通機関に乗りこむと、他人の権利や感情なんかにおかまいなく、エチケットもなにも忘れて、わが家にいるのと同じ気分になってしまう。おかしいですよ。（前掲紙）

友人・知人と接する場面では礼儀正しかった人が、一歩公共の場に出ると傍若無人《ぼうじゃくぶじん》になる。つまり、周りに人が存在しないかのごとく振る舞うようになってしまうのです。こうした指摘は、今日の日本人に対してもないわけではありません。しかし、ここまで、そのギャップの大きさや公共心に欠けるという事実を指摘されることは稀でしょう。こうした日本人のメンタリティーについては、本書の後半で詳しく触れることにします。

なお、日本人のマナー・モラルについて、当時の外国人が必ずしも一様に悪く見ていたわけでないことを付け加えておきます。先のアルフレッド・スムラーは、「日本人は実に多くの事に『人間性の美徳』を示す国民であり、無礼が日本人の性格に生来含まれているとは思わない」（前掲紙）と述べ、日本人のマナー・モラルの低さは決して生得的なものではないと擁護的な発言をしています。

また、一九六五年に地下鉄の視察のために訪日したスウェーデン・ストックホルム市の交通関係者は、「スシ詰め車内でも日本人乗客は礼儀正しく、ストックホルム市民のように車内でツバを吐いたり、紙クズを散らかさない」（讀賣新聞・一九六五年一月一九日付）と述べています。この記事を書いた記者が「いささか過分なほめようか」とのコメントを添えているように、リップサービスの意味合いで言った言葉ともとれますが、その人の見方や立場、あるいは見る場面によって、マナー・モラルに対する印象が異なることは踏まえておきたいところです。

昭和20年代の大阪市中央区道頓堀界隈の様子。この辺りは今日も大勢の人で賑わっている（出典：『大阪懐古』79ページ）

3 海外における日本人の評判を見る

アメリカでの評判

前述したように、日本人が公共の場に出た途端に礼儀を失ってしまうことは、日本を訪れた外国人によって厳しく指摘されていました。日本人のこうした習性が見られたのは、国内にかぎったことではありません。かつては、海外で恥をさらし、日本の評判を貶《おとし》める日本人が後を絶たなかったのです。

日本人にとって、海外旅行が一般化したのは一九七〇年代以降です。戦後しばらくは、海外旅行そのものが制限されていました。観光目的での海外渡航が解禁されたのは一九六四（昭和三九）年四月一日です。さらに、一人年一回という制限が撤廃されたのは一九六六（昭和四一）年一月一日のことです。

森ヶ崎（東京都大田区）上空より多摩川河口方面をのぞんだ羽田空港。撮影された1982年当時は、まだ滑走路は2本しかなかった（1982年3月3日）（写真提供：東京都）

それまでは、一般市民にとって海外旅行はまさに夢と言えるものでした。

とはいえ、観光以外で海外へ出掛ける日本人は、戦後間もないころから徐々に増加しています。なかでも、アメリカへの渡航者は一九四八（昭和二三）年ごろから急速に増えていきました。冷戦がはじまり、アメリカは日本を西側陣営に組み込むための政策を推進していきます。その一環で、両国の人的な交流が盛んに行われるようになっていったのです。

この当時、アメリカ政府が拠出した資金で、多くの学生や各界の専門家らが日本からアメリカへ渡っています。ただ、現地を訪れた日本人の評判は決して芳《かんば》しいものではありませんでした。一九五二（昭和二七）年当時、アメリカに滞在していた朝日新聞の記者は次のように記しています。

> 日夜を問わず酒を飲み、つかみ合いのケンカをするものもある。余り乱暴するので酒の販売を中止した日本料理店もある。また一代議士が米人料理店で酒を注文したが給仕女が「酒は売りません」と断ると、そんなバカなことがと乱暴しかけたこともある。（朝日新聞・一九五二年四月五日付）

先にガントレットが指摘したとおり、日本人には「国内を旅行する時でさえ、とたんに横柄に

なる」という習性がありました。そこに酒が入ると、その傾向はさらに強まったようです。旅行先あるいはそこへ向かう途中で酒を飲み、醜態《しゅうたい》をさらすといった光景は、昔から日本国内の観光地や列車の中でよく見られたものでした。

こうした日本人の恥ずべき習性は海外へ渡航しても変わらなかったようです。このころアメリカへ渡った日本人は、日本国内では一定の社会的な評価を得ている人物だったと考えられます。いわば選ばれた人たちです。そんな人物らが、現地で悪しき評判を立てられていたのです。

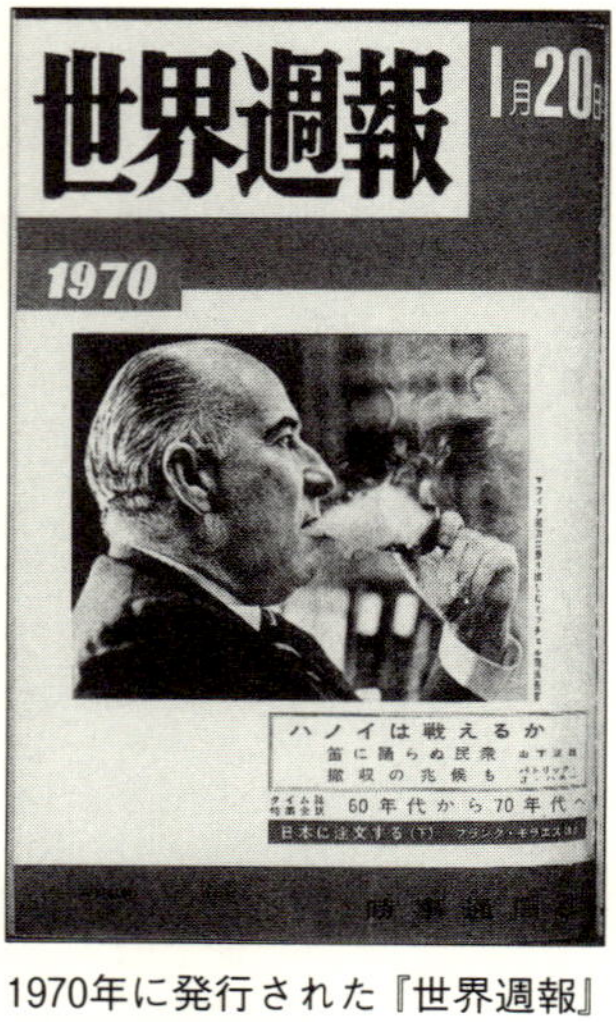

1970年に発行された『世界週報』
（国会図書館所蔵）

アジアでの評判

日本から海外へ渡航する人の数が年々増加するなか、日本人のマナー・モラルの悪さを指摘する声も同様に増えていきました。一九七〇年初頭に発行された『世界週報』(5)では、海外における「日本の悪評判」について特集を組み、特派員による報告の形でまとめています。たとえば、香港の特派員は、日本の商社やメーカーの駐在員が宴会を開いてどんちゃん騒ぎを行っている様子を、現地の人が批判的に見ていると伝えています。先のアメリカの例と変わりません。あわせて、観光客に対する悪評も伝えています。

ホテルの廊下をステテコ、シャツ一枚の姿で闊歩《かっぽ》する。酒を飲んで大声でわめき合う。深夜まで他人のことをかまわず騒ぎ回る。中年の婦人は、旅館で出すゆかたのようなものを着て散歩に出かける。ホテル側はチェック・インのときいろいろ注意事項をいうが、これを守らない。このため、日本人観光客の泊り客がふえると、欧米人は次第に敬遠し始めるという。当地で超一流と自他ともに許している某ホテルのごときは、団体客はもちろん個人客の場合も、日本人観光客はていよく断ることにしているという噂がまことしやかに伝わるほどだ。（「鼻持ちならない成り金根性―日本の悪評判（上）アジア篇―」『世界週報』一九七〇年一月一日、一二〇ページ）

続けて、シンガポール特派員の報告です。

（5）戦前にあった社団法人同盟通信社が発行していた雑誌で、一九四五年秋より時事通信社が発行を続けていたが、二〇〇七年三月二七日号（通巻四二八七号）をもって休刊。

〔シンガポールの中国人たちは〕日本の工業力は強大ではあるが、人間的には日本人より中国人のほうが優秀だと考えている。日本人は「東夷《とうい》〔東の異民族を指す蔑称〕」であり田舎者だと思っている。このような中国人の考え方に格好の材料になるのが日本人旅行者のマナーである。

最近、日本からの団体旅行者がふえているが、数十人の団体客を旅行社の社員一人で面倒をみる場合もある。また旅行社の社員も不謹慎《ふきんしん》である。羽田を飛び立つと「手続きでご厄介《やっかい》をかけました。飛行機に乗ってしまえば、もうこっちのものです。大いにエンジョイしてください」という。そうでなくても浮わついた気持ちの団体客だ。たちまち修学旅行の中学生以上のはしゃぎかたをし始める。〔前掲誌、一三三ページ〕

先に挙げた例からも分かるように、海外における日本人の悪評は、酒の絡むケースが多くを占めていました。あるタイ人が「どうして日本人は夜遅くまで酒を飲み、どんちゃん騒ぎをやるのか。人とつき合う法はそういうことだけなのか」〔前掲誌、一二四ページ〕と指摘するように、そもそも日本的な宴会という習慣自体、外国人には理解されていなかったようです。日本人はおとなしく恥ずかしがり屋という、昼間のイメージとのギャップも現地の人を戸惑わせたのかもしれません。

当の日本人からすると、日本から離れたことにより、つい羽目をはずして派手に騒いでしまうという事情もあったのでしょう。いずれにせよ、酒を飲んだ日本人のマナー・モラルの低さは、国内でも海外でも問題となっていたことだけは確かです。

今日、中国人観光客のマナー・モラルの低さが世界各地で指摘されています。たとえば、タイでは、昨今増加する中国人観光客の行為に大きな非難の声が上がっています。高級ホテルでも大声で騒ぐ。窓からゴミを投げ捨てる。トイレで排泄後に水を流さない。痰を吐く。列に割り込む。プールで子どもに小便をさせる……などです（福島香織他『世界で嫌われる中国』二〇一四年、四二～四三ページ）。

今でこそマナー・モラルに関する批判の矛先は中国人に向けられていますが、

沖縄県が外国人観光客向けに発行したマナーブック「DISCOVER OKINAWA」（第3版）（資料提供：一般財団法人　沖縄観光コンベンションビューロー）

五〇年ほど前は日本人が同様の立ち位置にあったわけです。もちろん、当時の日本人渡航者のすべてがマナー・モラルに反する行為をしていたわけではありません。同時に、日本人を好意的に見ていた人が少なくないことも事実として付け加えておきます。

たとえばタイでは、現地の人が外国人に家を貸すに際して、日本人が歓迎されていたという話があります。清潔好きで、家を汚さないことなどがその理由です（前掲誌、一二五ページ）。公共の場では秩序を乱しがちな一方で、家の中では秩序を保つという日本人の習性がプラスに働いた例と言えるでしょう。

遅刻の習慣

先に紹介した在米日本人記者は、現地で企業などを訪問する日本人について、「日本人がこちらできらわれる一つは訪問の時間や約束を平気で破ることである」（朝日新聞・一九五二年四月五日付）と記しています。当時の日本人が時間にルーズだったという指摘は、一九五八（昭和三三）年のユネスコ日本委員会の報告書『Japan Its Land, People and Culture』にも記載されています。報告書では、日本人のマナーや習慣について詳細に説明がなされていますが、なかでも時間に対する考え方の特異性について多くの紙幅を割いています。そこには、次のようなことが記されています。

日本には、国内の至る所に時計が設置されている。貧しい農家も例外ではなく、家の中の壁に時計が掛けられている。ほぼすべての人が時計を持ち歩き、ラジオは三〇分ごとに正確な時間をアナウンスしている。列車は、時刻表に基づき秒単位で運行している。しかしこうした事実とは裏腹に、日本人は時間に対する配慮に欠けており、近代社会というにはほど遠いものである。日本人には遅刻の習慣があり、結婚式や葬式、あるいは会合は時間通りはじめられることがない。（Japanese National Commission for Unesco "Japan Its Land, People and Culture" p.768より、筆者要約）

この点については、建築家でエッセイストのバーナード・ルドフスキー（Bernard Rudofsky, 1905～1988）も厳しい指摘をしています。日本に関連する文献を渉猟《しょうりょう》すると同時に、二年間にわたって日本に滞在した同氏は、一九六五（昭和四〇）年に発表した『キモノ・マインド（The Kimono Mind）』（新庄哲夫訳、一九七三年）のなかで次のように語っています。

われわれはまるで一秒、一時間が一ペニー、一ドルに値するかのように時間を「節約」しているけれど、彼ら〔日本人〕にはそんな意識はない。だから、日本に居を構える時間にうるさい外国人にとって、日常生活がいやにゆっくりと感じられるのだ。商人は習慣として配

送の日付を守らない。期限はめったに尊重されないし、延期されるのが原則である。〈前掲書、一一五ページ〉

実際、当時の日本では、各種会合や催しの開始時間が遅れることは日常茶飯事でした。たとえば、当時の国会議事録を見ても、議員が会議に遅刻するケースは決して少なくなかったことが分かります。

もっとも、議員の遅刻は今日でも日常的に起きており、とくに珍しいことではありません。二〇一五（平成二七）年三月には、国会の外交防衛委員会において、委員長を務める与党議員が理事懇談会に約二分遅刻するという出来事がありました。委員長は、野党議員にこれを追及されて陳謝しています。ところが、その年の六月に開かれた同委員会で、三か月前に遅刻を厳しく追及していた野党議員が約三分遅刻し、委員長から注意を受けるという、笑うに笑えない事態もありました。

こうした、一部の人が数分遅刻するというケースなら注意をする程度で済ますことができるかもしれません。しかし、かつての日本では、複数の人が数時間遅れで堂々と現れるという、今では考えられないような習慣があったのです。一九五四（昭和二九）年六月九日付の〈朝日新聞〉は、時間を守らないという日本人にはびこる習慣について次のように伝えています。

福島では三十分や一時間の遅れは当り前のことになっているが、山間部の同県会津地方では一般会合が一時間、宴会二時間、仏事は三時間、結婚式に至っては四時間遅れるのがザラだという。特に結婚式は二、三回お迎えをうけてからやっと出かけるのが〝ならわし〟というからまさに処置なしというところ。

青森県下の津軽地方でも案内状に午前十時とある婚礼式が午後六時になって始まるのが〝常識〟。ひどいのは午後八時すぎになって始まるのもあったという。花嫁がなかなか婚家へ到着せず、招かれた客も集まらないのが原因だが、遅れることでもったいづけることが一種の見栄になっているというから始末が悪い。

〔中略〕

岩手県では〔県議会の〕定刻開会は過去の議会史に皆無。午後四時の時間切れ寸前に開会、直ちに休憩に入る仕組み。舞台裏でもめていなくても「電気がつかにゃー」と〝たそがれ議会〟が慣習になっている。

右記の事例のように、時間を守らない傾向は東北地方で強かったと言われています。ただ、他の地域も決して例外ではありません。地名を冠した「〇〇時間」という言葉は全国各地にあり、遅刻が地域の慣習として定着していることを表していました。

始まる時間がルーズだっただけではなく、終わる時間についても同様の傾向が見られました。会合・催しの最後には多くの場合酒が入り、あとは延々と宴会が続けられます。始まる時間の厳守、終わる時間の設定に向けた取り組みもありましたが、その準備段階でつまずく例も少なくなかったようです。

「福島県下のある町のように、図書館の運営審議会が時間励行を町民に呼びかけたところ、肝心の審議委員たちの集まりが悪く、開会が定刻を過ぎること、一時間、あげくのはてに脱落者が出て、折角《せっかく》の運動もついに実を結ばずに終った」といった例や、「『大和時間の追放』をとりあげた奈良県の新生活運動推進本部の常任委員会が一時間遅れの会合で批判され」るといった呆《あき》れたケースもありました（前掲紙）。時間の無駄が強く指摘されるようになってはいたのですが、それまでの時間に対する観念を変えるのは非常に困難だったようです。

日本の列車が時間どおりに運行していることについては、外国から来た人の多くが驚嘆しています。時間どおりに駅を出発し、時間どおりに次の駅に到着する。この定時運行システムは、すでに大正時代に実現されていました。この事例から、日本人は昔から几帳面《きちょうめん》で時間を大切にする民族だったと語られることがあります。しかし、庶民の実態はそうではありませんでした。勤勉で律儀というイメージが定着している日本人ではありますが、かつては時間を守らない国民として国内外で批判の的となっていたのです。

4　低い企業モラルの事例を把握する

粗悪品の輸出

海外における日本人に対する悪しきイメージは、輸出した工業製品に対する評判からもうかがえます。一九五〇（昭和二五）年にはじまった朝鮮戦争の特需により、日本製品の輸出量は飛躍的に増大しました。しかし、このころの日本製品は、その品質の悪さに国内外から批判の声がたくさん上がっていました。火のつかないマッチ、すぐに毛の抜ける歯ブラシ、不純物を大量に混ぜた肥料、引き金が動かないおもちゃのピストル、水漏れを起こす水筒、正確でなくても動けばまだいいほうと言われた時計など、大量の粗悪品が市場に出回っていました。

キヤノンの創業者である御手洗毅《みたらいたけし》（一九〇一〜一九八四）は、自社で製造したカメラをアメリカへ持っていったときのエピソードを、一九五一（昭和二六）年に発行された『文藝春秋』で次のように語っています。

私がサンフランシスコに着いたとき、日本の業者、おもに双眼鏡に関係する業者ですが、日本のメーカーは実に不真面目だ、だから日本のメーカーに対しては信頼ができぬ、こうい

うことをまっ先に言われたのです。〔中略〕
とにかく、日本のメーカーに対する信頼がない。従って、日本の製品に対する信頼がない。これは、いきなり鉄槌《てっつい》で殴られたような恰好《かっこう》でした。これは日本人として反省しなければならぬ点だと思います。（御手洗毅ほか「メイド・イン・ジャパンの悲哀─世界的商品をつくる座談会」『文藝春秋』二九巻二号、一四〇〜一四一ページ）

日本製品に対する海外の評価は、すでに戦前から芳《かんば》しくありませんでした。粗製濫造《そせいらんぞう》を繰り返す業者が品質の悪い商品を海外へ輸出し、日本のイメージを貶《おとし》めていたのです。さらに、戦争が日本の製造業にダメージを与えました。戦時中から戦後の復興期にかけて、極端な物資不足に見舞われたことは周知のとおりです。

当時、衣類などの生活必需品は、多少品質に問題があっても需要を満たすためにどんどん市中へ送り出されていました。質より量が重視されていたわけです。そうした習慣は、簡単に拭い去れるものではありません。

また当時の背景として、原料・資材の不足、生産設備・製造工程の不備、検品システムの問題など、製造業自体がまだ発展途上にあったという事情も考慮しなければならないでしょう。とはいえ、この問題は製造業者のモラルに起因する部分が少なくありません。

御手洗は、先の発言に続いてニューヨークを訪れたときのエピソードも紹介しています。

ニューヨークに行きましたとき、ある日本人の貿易業者―もちろんアメリカの市民権をとっているアメリカ人ですが、日本のメーカーがいかに信頼ないか、ひどいことをするかという一例をハッキリ言えば、かえってあなたは悲観しないで済むと思うが、戦前ならいざ知らず、これは先達てのことだが、自分らがカン詰をとったところが、中味は何も入っていないで、水ばかり入っていたことがある。その時は、ほんとうに、顔がまっ赤になり、穴があれば入りたいような感じがした。それが実情なんです。（前掲誌、一四一ページ）

日本からの輸出品に対する悪評は、製品の品質にとどまりませんでした。一九五一（昭和二六）年八月には、カナダで次のような出来事も起きています。

某玩具製造業者が、輸出商人から注文をうけて、積木玩具など八十六万円を出荷した。輸出商は送られた見本をみただけで、生産者がつくった荷造りのままで輸出した。送り先はカナダのモントリオールであった。箱をあけて驚いた。つまっているのはカンナ屑《くず》ばかり、申しわけみたいに、玩具がときどきころがり出すというしろものであった。強硬な抗議がきたのはいうまでもない。これは粗製や濫造をこえた明らかなサギだ。どうせバレるのがわかっているのに、どうしてこんなバカなことをやるのか。常識では考えられないことだが、しかし、時々事件がおこるのだから仕方ない。（岩井良太郎「日本製品ものがたり」『地上』一九五一年一一月号、四三ページ）

同記事では、「日本の商人、生産者は親切心、良心が足りない。これはほかのいろいろの原因よりも、もっと一般的な、根本的原因だ」と続け、製造・流通に携わる人々のモラルの低さを嘆いていています。昭和三〇年代に入っても、これまで同様、悪しき体質を引きずったまま商品をつくり続ける業者は少なくありませんでした。

こうした日本メーカーの体質が、一九五六（昭和三一）年に中国で大きな問題を引き起こします。この年の一〇月、北京で「日本商品展覧会」が開催されました。これは日本製品の新たな市場開拓を目指して行われたイベントで、日本の各メーカーがさまざまな商品を展示・販売しました。ところが、出品した商品のなかに粗悪品が大量に混ざっていたのです。

問題となったのは、インクがこぼれたりペン先がはじけていたりする万年筆、タバコの火が飛んだような穴の開いたレインコート、芯のないボールペン、引っ張ると切れてしまうオーバー生地などです（「北京見本市の粗悪品問題」『東洋経済新報』一九五六年一一月号、三五ページ）。

これらの商品を買った北京市民数百人が会場に押しかけ、現場は大混乱に陥りました。日本側は販売を取り止め、商品の取り替えや代金弁償といった措置を取りましたが、失った信頼は大きかったようです。

この事件が起こるずっと以前から、日本製品に対する「安かろう、悪かろう」というイメージは海外で定着していました。当時、貿易クレームの大半を占めていたのが品質不良です。これを改善し、日本製品に対する悪評を払拭《ふっしょく》するチャンスとして臨んだのが「日本商品展覧会」だったのです。信頼を勝ち取るための絶好の機会をこうした形で汚してしまったことを、日本の経済界は大いに嘆きました。製造から検査に至るまで、業者のモラルの低さを露呈してしまったことに国民の失望も大きかったようです。

意匠の盗用

日本製品については、意匠《いしょう》（工業デザイン）の盗用も国際的な問題となっていました。今風の言葉で言うところの「パクリ」です。商品のデザインをまねるだけでなく、商標までをまねて、明らかな偽物を製造することも広く行われていました。当時、欧米諸国から指摘を受け、問題化するケースが頻発していました。一九五八（昭和三三）年三月二一日付の〈朝日新聞〉では、次のような事例が紹介されています。

例えばライターでは、世界的に有名なアメリカのロンソン社が新型を発表すると、向うのバイヤーが、これを早速飛行便で日本の業者に送り込み「これと同じ意匠のものをつくって〝ロンソン・タイプ〟として輸出頼む」というチャッカリしたものもいれば、RONSONのRをLにしてくれとの注文もある。ホン物のロンソンは一個十一ドル（三千九百六十円）もするのに、ニッポン製〝ロンソン・タイプ〟の輸出価格はたった二十三セント（八十四円）で、アメリカのデパートでは、ひと山いくらのしろものである。

大阪の繊維意匠センターの話では、意匠盗用に引っかかった業者のいい分は「外国のバイヤーの注文でやった」というのが圧倒的に多いが、こんないい分けが外国に通用するはずはない。

昨今は、中国でつくられたコピー商品が国際的な問題となっています。「TOYOTA」をまねた「TAYOTA」、「HONDA」ならぬ「HONGDA」、「SONY」と一瞬見紛いそうな「SQNY」といった商標を使った商品が実際につくられて販売されています。商標そのものを含め、外見すべてをコピーした商品も珍しくありません。こうした問題は、今も大きな国際問題になっています。

今日でこそ中国が槍玉に挙げられていますが、約半世紀前は、日本メーカーの商品が国際市場で同様の問題を起こしていたわけです。日本企業による知的財産権の侵害については、すでに戦前から国際的な批判がありました。国内でも、この問題を指摘し、改善を求める声がありましたが、業者の意識向上にはつながっていませんでした。こうしたモラルの低い状態が、戦後も依然として続いていたのです。

杭打ち不正

企業のモラルに関しては、二〇一五年一〇月、旭化成建材が建物の杭打ち工事データを改ざんしていたという問題が大きく報じられました。横浜市のマンションで、杭の一部が支持層（強固な地盤）に達していなかったことが明らかとなり、その後の調査によって同様のデータ改ざんが多数見つかった

（9）　3版▲　昭和40年10月1日　金曜日　朝日

新幹線工事に手抜き

盛土補強やり直し

名古屋市緑区　寸足らずのクイ使う

手抜き工事のあった個所

朝日新聞（1965年10月1日付・夕刊）

という事件です。

まさにそのちょうど五〇年前、東海道新幹線の盛土補強工事に際して、業者が規定の長さに達していない杭を使用していたという事件が明るみに出ました。最初に発覚したのは一九六五（昭和四〇）年一〇月一日です。この日、国鉄（現ＪＲ）新幹線支社名古屋保線所が、名古屋市緑区内の新幹線線路脇斜面の崩落を防ぐ杭を抜いて調査を行いました。ここで、規定（二・八メートル）の四分の一しかない、手で抜ける程度の長さしかない杭が見つかったのです。まさに手抜き工事です。

工事は同年六月の豪雨のあと、盛土補強のために行われました。工事を請け負った業者は、仕事を早く終えるために手抜き工事をしたということです。この業者が工事を実施した一・二キロメートルの区間において、二〇本に一本の割合で杭を引き抜いて詳細な調査が行われました。その結果、全二七〇〇本の杭のうち、なんと約半数が規定の長さに達していないことが分かったのです。

さらにこの業者は、請け負った他の区間で、深夜に打ち直し工事を密かに行っていました。手抜きしたことがこれ以上公になるのを恐れて実施したようです。結局、不正が発覚した区間すべてで打ち直しの工事が行われました。当然、国鉄の監督・検査体制も問題視されています。

一九六五（昭和四〇）年一〇月六日付の〈朝日新聞〉は、この事件に関して、不正がほかにもあるのではと疑念を示しています。「ある労務者によると、〝三つ切り〟という工法？があるそうだ。規定のクイの三分の一程度打込んだところをノコギリで切る。さらに別の場所で残りを打ちノコギリで短くする。その残りをまた…というわけ」と述べ、他の地区でもこうした不正工事が日常的に行われていた可能性を指摘しています。

不正工事については次のような事例もあります。

一九五四（昭和二九）年一〇月、東京都建築局建設事業部と世田谷区建築課は、昭和二六・二七年度に世田谷区内で建設された小・中学校校舎の検査結果を発表しました。この検査は、一九五三（昭和二八）年に発覚した学校の建築不正をきっかけに行われたものです。発表により検査対象となった四一校舎のうち、二七校舎に「相当な工事上の手抜き」があったということが明らかになりました。

なかでも五校舎については、「設計の要点における食い違いはなはだしく、不慮の事態発生の場合、その安全を保し難い」（朝日新聞・一九五三年一〇月一八日付）と記されています。地震などの災害が起きた際、建物が十分に耐えられない状態だったということです。手抜きが発覚した校舎については、請け負った業者によって自費補修されることとなりました。

製造業、土木・建設業にとどまらず、事業者による不正は、この当時よりもさらに前から行われていました。そして、今日に至ってもたびたび発覚していることは周知のとおりです。なお、右記で取り上げたような不正行為を主導していた人たちは、戦前の「修身教育」を受けていた世代にあたります。今日とは時代背景が大きく異なるという事情はあるにせよ、この点は頭に入れておいてもよいでしょう。

第2章

日本人のマナー・モラルはいつ変化したのか

1 花見会場を定点観測する

花見と日本人

前章では、昭和二〇年代から三〇年代を中心に、日本人のマナー・モラルがいかなる状態だったかを概観してきました。一概に今日とは比較できない部分があるとはいえ、全般的に見てその水準が低かったことは明らかだと言えます。では、それ以後、日本人のマナー・モラルはどう変化したのでしょうか。よくなったとするなら、それはいつごろだったのでしょうか。

この点を探るため、戦後日本のマナー・モラルについて「定点観測」を試みます。定点とするのは花見会場。この場所において人々はどんな行動をしていたのか、その推移をたどることで日本人のマナー・モラルの変化を探ります。

花見は、古くから続く日本の春の恒例行事です。奈良時代は、梅がその対象でした。嵯峨《さが》天皇（七八六～八四二）が八一二（弘仁三）年、京都の神泉苑《しんせんえん》（真言宗の寺院）で「花宴の節《せち》を催した」と『日本後記』に記されていますが、このときには桜が主役であったと思われます。これが、花見のもっとも古い記録と考えられています。

一般庶民がこれを楽しむようになったのは、江戸時代の享保年間です。江戸でもっとも名高かった花見の名所は、天海僧正《てんかいそうじょう》（一五三六〜一六四三）によって桜が植えられた現在の上野恩賜公園（江戸時代は寛永寺の境内）です。しかし、格調高い寺院の境内において庶民が酒宴を開くことは禁止されていたため、一七二〇（享保五）年に徳川吉宗が隅田川沿いや御殿山（品川区）に桜を植えさせ、そこを庶民の花見の場としました。「生類憐れみの令」（一六八七年）によって禁止となっていた鷹狩りを復活させた吉宗は、鷹狩りによって農地が荒れることに対する慰撫《いぶ》策として、桜の木を植えることにしたのです。そして、花見客が来ることで農民たちが収入を得られる仕組みをつくったわけです。

　以後、今日まで、毎年桜が咲くと多くの人がその風情を楽しみに出掛けています。ただ、花を愛《め》でることよりも、その下で開く宴会が楽しみという人が多いようです。桜の木の下にゴザやシートを敷き、そこに家族・友人・同僚らが集まり、飲食をしながら楽しい時間を過ごす。

錦絵に描かれた江戸時代の花見の様子（江都名所・御殿山遊興　広重）（国立国会図書館所蔵）

このスタイルは昔から変わっていません。現在も毎年、日本各地で同じような光景を目にすることができます。そう考えると、花見会場は日本人のマナー・モラルの変遷をたどるうえで格好の観察対象と言えるでしょう。

ただ、現代の花見会場のなかには、迷惑行為を防止するためにアルコール類の持ち込みを禁止する所もあります。なかには、宴会そのものを禁止とした会場も珍しくありません。一部の会場ではこうした規制が設けられるようになったものの、花見会場でなされるマナー・モラルに反する行為に対しては、昔から基本的に寛容なまなざしが向けられてきました。酔っぱらって多少騒いだとしても、厳しく咎《とが》められることはありません。これも、日本における伝統的な慣習の一つと言えるでしょう。

花見会場の様子を報道する新聞の記事も、昔からそれほど変わっていません。事前の開花予想にはじまり、開花を伝えるニュース、もっとも見ごろを迎えた時期の休

1972年に都内の公園で撮られた花見の季節の光景（写真提供：東京都環境局）

日の様子と続きます。そして満開時には、桜の下で宴会をする人たちの姿がたいていの場合、写真付きで紹介されています。どれだけの人出があったか、どれだけのゴミが残されたのか、どんな事件があったのかが記事として掲載されます。その後、場合によっては、花見に訪れた人たちのマナー・モラルの低さについて、社説やコラム、あるいは特集記事で「嘆きの言葉」が連ねられます。

花見をする日本人のマナー・モラルの低さは、すでに戦前から報じられていました。酒を飲んで騒ぐ。酔った勢いでケンカをする。飲食をしてゴミを散らかす。日本人のこうした悪しき習慣は、恥ずべきことだと批判されながらも、毎年春になると同じことが繰り返されてきました。その習慣が戦後どう変化していったのか、年代ごとに見られる特徴に注目しながら変遷をたどっていきます。

桜の枝を折る人々

再度時代を遡って、まず昭和二〇年代の花見会場に注目します。このころのマナー・モラルの状況は第1章で見たとおりですが、花見会場に絞って新聞記事を見ていくと、ある行為がよく目につきます。それは、桜の枝を折って持ち帰るという行為です。これは、かつての花見会場の内外で非常によく見られた光景でもあります。

一九五〇（昭和二五）年の春の様子について、〈朝日新聞〉のコラムは次のように伝えています。

緑の羽根を胸にかざしながら、さくらの花枝をかついで電車に乗っている男女を見た。本人たちはそれでひとかどの風流気どりでいるのだから困ったものだ。〔中略〕さくらの季節は、さくらを折る季節でもある。日本人はなべて花を折りたがる性向をもっているようだが、うめやきくはそれほどでもないのに、とくにさくらとなると奇妙に折りたい衝動を感ずるらしい。春先の陽気のせいもあろうし、花見に酒がつきもののせいもあろう。しかしさくらを国の花のように誇り、民族性の象徴のようにも思って日本名物にしているくせに、この花を虐待するのはどういう根性なのか。さくらの名所はどこもかしこも年々歳々貧弱になるばかりだ。かつては春がすみたなびくようだった名所も、おおむねその名残をとどめていないのが常である。枝を折り根をふみしだくだけで、肥料も施さぬからだ。（朝日新聞・一九五〇年四月五日付）

桜の枝を折るという、今日ではほとんど見られない光景が、当時は当たり前のように繰り広げられていました。「桜切る馬鹿、梅切らぬ馬鹿」という言葉があります。小枝が多く剪定《せんてい》が必要な梅と違って、桜は枝を切るとそこから腐る可能性があります。両者の特徴の違いからこうした

言葉が生まれたわけですが、この古くからの教えを知らなかったのでしょう。むやみに枝を折ってしまう人が後を絶たなかったのです。

〈讀賣新聞〉も、一九五四（昭和二九）年四月一四日付の紙面で「お花見総決算」と題して、都内の花見会場の様子を伝えています。ここでも、桜の枝を折る人が多かったことが伝えられています。場所は新宿御苑です。

> 昨年は力自慢のように太い枝を折るものに困らされたのに、今年は八重ザクラの下枝を折ってエリや帽子のアクセサリーにする婦人と子供たちに悩まされたとある。吉田首相招待の観桜会も近く行われるが、肝心の八重ザクラの下枝は丸坊主、係員はどうしたことかとタメ息をもらしているほどだ。

破廉恥な酔客たち

当時の花見会場では、桜の枝を折る習慣が問題視される一方で、これが些細《ささい》な行為に思えてしまうような迷惑行為がはびこっていました。一九五一（昭和二六）年四月五日付〈讀賣新聞〉の社説は、日本人の花見会場におけるマナー・モラルの低さを次のように論じています。

〔前略〕飲んで空になったびんを、酔いのまわった青年たちは力まかせに石にぶっつけて快感をさけぶ始末である。そこには家族づれや学生同士の遊覧客も多数来ておりそれらがクツをぬいでキャッチボールやドッジボールに打ち興じているのである。ガラスびんの破片がどのようなケガのもとにならないともはかし知れないのである。日本人は自分の家の中や屋敷は比較的きれいにしておくが、一歩屋外に出ると、全く人が変ったように訓練のない野蛮人になってしまうとはよくいわれるところだが、これが酒の勢いをかりて加速度的に丸出しになってしまうのである。これらの乱暴、狼藉《ろうぜき》が廿代《にじゅう》の青年層に多いように見受けるのは、かれらの戦時中の学校生活でのあまりにも軍隊式な形式一点張りの教育への反動がいまに残っているのであろうか。

これは都内の桜の名所で見られた光景ですが、ガラス瓶を割るという危険な行為は、もちろんほかの地域でも見られました。すでに述べてきたとおり、私的な場では礼儀正しく、公共の場では秩序を乱すという日本人の習性がここでも指摘されています。また、厳格な戦前教育を受けた若者が、その反動で乱暴な行為をするようになったのではとする記者の推測も注目しておきたいところです。この社説は続けて、桜の枝を折る、弁当の包み紙や果物の皮を散乱させるといった行為を批判し、次のように述べます。

泥酔して、つれていったわが子を迷子にしてしまうものの出るのは例年のことであるが、はなはだしいのになると、団体の一員である大人の迷子に幹事が血眼になってさがしまわるなどの珍風景も決してないわけではないのである。公衆便所があるにもかかわらず、木の根を目がけて放尿する習性にいたっては、まさに四等国民以下である。〔中略〕終戦後五年以上も、民主的な訓練を積み、その成果を海外にまで認められて、講和も間近いといわれるわれわれ日本人も、一皮むけば以上にのべたように「お里丸出し」とあっては情けないかぎりである。（前掲紙）

右記のような破廉恥な行為をする花見客の多くは大人です。なかでも、酒に酔った人が大半を占めていました。こうした酒に酔って醜態《しゅうたい》をさらす大人たちの姿を、子どもたちはどのように見ていたのでしょうか。

一九五三（昭和二八）年五月九日付〈秋田魁新報〉は、花見に出掛けた中学生の日記を紙面で紹介しています。取り上げられたのは、秋田市南中学校の二年生のあるクラスです。日記を提出した生徒のなかで、花見に行ったときの様子を書いたのは三八名でした。その日記をまとめたところ、「お花見をくだらないと思ったもの」が一三名、「ほこりと大人のよっぱらいに抗議しているもの」が三四名だったとのことです。具体的には、次のようなことが書かれていました。

A子さん＝私と妹と三人でお花見に行きました、サーカスをみて〔千秋公園内〕二の丸をまわって歩き、ほこりいっぱい立つなかで弁当をたべました、私は家に帰ってきょうのお土産はごみのおみやげだとわらいました。
A君＝土曜日に花見にいきました、おとなの人たちはさけを飲んでうるさいのであまりうれしい花見ではありませんでした、どうして大人はお酒を飲んで騒がなければならないのでしょう。
B君＝花見にいきました、ごみと人を見にいったといってよいほどです、おまけのはてに風邪をひきました。

せっかく花見に出掛けても、こうした暗い日記ばかりが集まるのは残念なことです。人が多いのは仕方ないにしても、ゴミが散乱していたり、酔っ払いが騒いだりしている光景は、子どもにとっては見るに耐えないものだったのでしょう。

なかでも、花見に行った生徒の大半が酔っ払いに迷惑していたことは、当時の会場を象徴する事実だと言えます。ただ騒いでうるさくするだけならまだしも、先に挙げた事例のように、酒の瓶を割って破片を散乱させる、さらには殴り合いのケンカをはじめるといった事態に至っては、周りの人にとって危険でさえあります。

一九五三（昭和二八）年四月五日には、滋賀県・琵琶湖で遊覧船に乗っていた男性客と湖畔で酒を飲んでいた男性グループが大乱闘になるという事件が起きています。この日、二〇代の男性ら二二人が遊覧船を下りたところ、栈橋付近で酒を飲んでいた三〇代の男性ら一七人とささいなことからケンカとなり、一升瓶やビール瓶で殴り合うという大乱闘になりました。幸い死者は出なかったようですが、七名が重軽傷を負っています（中部日本新聞・一九五三年四月六日付参照）。同日、愛知県・犬山日本ライン河畔でも、花見をしていた二〇代の男性二人が酒のうえで口論となり、一人が一升瓶で相手の顔面を殴り付けて重傷を負わせるという事件が起きています（同紙）。

こうした例のように、当時は花見会場で一升瓶やビール瓶を振り回すという暴力行為が珍しくありませんでした。また、いずれの事件においても凶器として使われている「一升瓶」は、この当時の花見を伝える記事ではキーワードであるかのごとく登場します。

- 一升瓶を持った人が列車に乗り込む。
- 会場では一升瓶を片手に大勢の人が騒ぐ。
- 一升瓶が凶器として使われて死傷者が出る。
- 宴会のあと、会場のあちこちに一升瓶が転がっている。

現在でも、花見に一升瓶は欠かせない、と言う人がいますが、当時に比べると廃れた感は否めないでしょう。実際、今日こうした事例を目にする機会はほとんどないと言えます。しかし、昭和二〇年代の花見会場ではこれがごく一般的な光景だったのです。

2 酔客の荒れる様子を見る

東京の花見会場

昭和三〇年代、復興期から高度経済成長期へと向かう途上、人々の生活にもゆとりが徐々に生まれてきました。休日に、レジャーに出掛けるという人も増えてきました。とはいえ、当時はまだ庶民が楽しめるレジャーはそれほど多くありませんでした。そんななか、近場で、安く、大勢の仲間と楽しめるイベントである花見は、春のレジャーの一番人気でした。ただ、桜の咲いている期間は限られています。毎年桜が開花すると、この時を待っていたとばかりに、大勢の人が一斉に花見会場へ押し寄せました。人口こそ今より少ないものの、花見会場の混雑ぶりは、今日に勝るとも劣らない状況でした。

一九五五（昭和三〇）年四月一〇日、好天に恵まれたこの日は日曜日。大勢の人が花見会場を訪れました。当日の〈毎日新聞〉夕刊は、東京・上野公園の様子を次のように伝えています。

朝早くから一升ビンや手弁当をさげた家族づれや会社関係の団体がくり出し、上野駅から公園にかけては人波でごった返した。上野署では警戒本部を設け約二百名の警官を動員、交通整理に当っているが、午後二時には六十万。百五十人の迷子が出る始末。〔中略〕東照宮、動物園付近の広場ではドンチャン組が陣どって大さわぎだが、サクラの樹に酔漢がよじ上って枝を折ったり、公衆便所はすっかり汚され相変らずのお花見風景。

昭和33年３月に完成した東京体育館屋内プール。まだ庶民の娯楽が少なかった当時、ここはスポーツ・レジャーの拠点として多くの人に親しまれることになった（1958年７月29日）（写真提供：東京都）

この日は、上野公園にかぎらず豊島園や隅田公園など、都内の桜の名所はいずれも大盛況でした。その翌日、都内の花見会場の様子について、〈毎日新聞〉は「お花見白書」として記事にまとめています。それによると、上野公園の一〇〇万人を筆頭に各地の公園に大勢の人が集まり、都内で合計一八〇万人の人出だったということです。混雑のなか、例のごとく大量のゴミが散乱し、酔っ払いによるケンカが続出したと伝えています。

次のような出来事をはじめとして、今日であれば大きく報じられそうな事件も淡々と記されています。

> 酔って一升ビンやビールビンをふり回す大立回りはどこでもみられたが、相手にケガをさせたのは六件。上野公園下で酔漢数人が外国人とオンリー嬢〔売春婦〕を袋だたきにしたという勇ましいものもあり、仲裁にかけつけた警官にくってかかるなど手をやかせていた。（毎日新聞・一九五五年四月一一日付）

一九五六（昭和三一）年四月一六日付〈朝日新聞〉は、東京におけるお花見シーズン終盤の様子を、場所ごとに伝えています。

上野公園　〔前略〕紙クズは一日平均二千貫〔七・五トン〕、十五日などは倍の四千貫も出て、四十人の人夫が手車三十台も動員してやっと後始末した。「クズカゴが百以上置いてあるのに……それに酔っぱらいがビンを割るのは危なくて」と公園管理事務所はこぼす。そのほか〝夜間立入り〟の副産物か「立入禁止」の芝生の立札が三十本引っこ抜かれ、千本の桜の三分の一は下枝を折られた。

上野動物園　〔前略〕昨年の花見ではアシカが石を投げられて片目をつぶされ、数年前にはキリンがエサをもらいすぎて死ぬなどの被害があったが「今年はいくらか良くなったようですが、でも翌日になるときっと何頭かが腹をこわしてるでしょうね」と古賀園長も渋い顔。

隅田公園　土地柄ここの被害は大分手荒で、芝生のサクが数カ所ネジ曲げられ、隅田川べりの桜並木の下枝はほとんど全滅。「毎晩八時までは警戒してるンですが、それ以後に酔っぱらいがやるんですよ。ウデほどもあるのを折って行くンですから」と公園管理事務所では半ベソの体だった。

地方の花見会場

花見会場が荒れる傾向は東京にかぎったことではありません。酔っ払いを筆頭に、花見客らの乱暴狼藉《ろうぜき》によって会場に無残な光景が広がっていたのは全国共通です。たとえば愛知県、この地域にも桜の名所がたくさんあり、毎年大勢の花見客が訪れています。東京での事例同様、ここでも迷惑行為が後を絶ちませんでした。一九五七（昭和三二）年四月七日付の〈中部日本新聞〉は次のように伝えています。

毎年のことではあるが、一年一度の花見ぐらい楽しむことは決してわるいことではない。家族づれで、花の日曜を静かに桜をながめて歩く姿は微笑ましいものである。がしかし、そのあとがこれも毎年のことながらいけない。花見には限らないが、日本人の行楽は常にそのあとに紙くずの山を残すことで終っている。つつましやかにみえる家族づれでそうである。それが団体となるとさらにひどくなる。酔っぱらってさわいだあげく、汚物一切を花の下に捨てたまま引揚げて行くのである。また酔っぱらいの一団を乗せた汽車、電車、バスの中が大変である。年々歳々花も変らないが、日本人の非社会性はすこしも変っていない。花より団子も時にはよい、酒もまたよしであるが、それをたしなむ礼儀作法がまるでできていないし、いつまでたってもできない。

翌一九五八（昭和三三）年四月六日付の同紙は、名古屋の桜の名所である鶴舞公園の様子を、「やっぱり四等国　ゆうべの鶴舞公園　酔客、花壇でご乱行」といった見出しを付けて次のように伝えています。

〔前略〕夜八時を過ぎるころには酔っ払いの方も最高潮。さくらに登って枝を折るもの、一升ビンをたたき割るもの、朝まで寝るのだと芝生に横になるものやケンカが続出、なかでも立入禁止の札に目もくれず、花壇の中で浮かれて踊りだす連中のために、これから花をつけるキンセンカ、ハナゲシ、グラジオラスなど全滅してしまった。
同園事務所では、〝花見客が多いのは結構だが、公園は市民全部のもののためであり、もう少しエチケットを守ってほしい〟と残念がっていた。

秋田市の桜の名所である千秋公園も、東京や名古屋に負けず劣らずの荒れっぷりでした。〈秋田魁新報〉は、毎年四月に千秋公園の様子を伝えています。一九五九（昭和三四）年四月二〇日付の紙面では、「紙クズと悪臭の園に　跡始末忘れた花見客」という見出しのもと、花見を終えた公園の様子を伝えています。

昭和33年4月6日　(日曜日)　(第3種郵便物認可)

立入禁止の芝生でご乱行の酔客はこの通り（ゆうべ鶴舞公園で）

やっぱり四等国

ゆうべの鶴舞公園　酔客、花壇でご乱行

がない花見客に踏み荒されて困っている。

この日の鶴舞公園は日曜日とあって午後にはアベックや家族づれがどっとつめかけ、夜に入って花の下でサカズキをくみかわす団体客が圧倒的に増加、夜ざくら見物だけでも約三万人を数える人出でにぎわった。

夜八時を過ぎるころには酔っ払いの方も最高潮。さくらに登って枝を折るもの、一升ビンをたたき割るもの、朝まで寝るのだと芝生に横になるものやケンカが続出、なかでも立入禁止の札に目もくれず、花壇の中で浮かれて踊りだす連中のために、これから花をつけるキンセンカ、ハナゲシ、グラジオラスなど全滅してしまった。

同園事務所では〃花見客が多いのは結構だが、公園は市民全部のもののためであり、もう少しエチケットを守ってほしい〃と残念がっていた。

中部日本新聞（1958年 4 月 6 日付）

現在の鶴舞公園における花見の様子（2014年）

お花見フタあけの十九日、六万の人出でにぎわった秋田市千秋公園は、たった一日で紙クズと悪臭の花園と変ってしまった。

とにかく見渡すかぎり一面の紙クズ。ムッと鼻をつく悪臭。淡いボンボリの光にはえる夜桜の美しさも、値千金の風情も一ぺんにふっとんでしまうような足もとの紙クズ、あきカン……。かき集めたらトラックに何台というほどの量で、六万人の〝置きみやげ〟にいまさらながら驚かされる。〔中略、夜になって警察が〕引揚げたあとで二件の大立回りがあった。ともに酒がアダになった仲間同士のケンカながら、二の丸で争った一組は他のお花見客にまで難くせをつけ、あたりはしばらく通行止め。警察としては盲点をつかれた形で、初日にして早くも黒星。日中が比較的おとな

秋田魁新報

秋田市千秋公園　六万人の置きみやげ

紙クズと悪臭の園に
跡始末忘れた花見客

お花見フタあけの十九日、六万の人出でにぎわった秋田市千秋公園は、たった一日で紙クズと悪臭の花園と変ってしまった。

とにかく見渡すかぎり一面の紙クズ。ムッと鼻をつく悪臭。淡いボンボリの光にはえる夜桜の美しさも、値千金の風情も一ぺんにふっとんでしまうような足もとの紙クズ、あきカン……。かき集めたらトラックに何台というほどの量で、六万人の〝置きみやげ〟にいまさらながら驚かされる。夕方、人来らしい人出が[illegible]めていたのは[illegible]のようで、あたり一面の紙クズはたきつけにもならないとあって見向きもしない。

公園の管理に当る秋田市当局ではお花見の開幕に先立ち、公園内のクズかごなどを整備したものの、日中の野宴では、終れば千鳥足で石段をおりて行くのがせいいっぱい。紙クズを捨てに行かないまでもかき集めて帰るのは中年女性のまじっているグループだけで、あとはほとんど放置。一枚二千円で借りたムシロもその場に置き去り。市当局で〝本丸〟のうしろにつくったゴミ捨て場は夜内にもからっぽ。市当局では翌朝五時から人夫三十人、リヤカー四台をくりだして清掃に当ったものの、片づけ終らないうちにもうお花見客が現われて元のモクアミ。向こう十日間の会期が思いやられるというもの。

もう一つは、文字どおり花園を荒らす大トラ、小トラの群れ。公園入口に設けられた秋田署の臨時警察派出所はこの日、夜十一時の予定を九時四十五分に繰りあげて引揚げた。気温がさがり引き足の早いのを見ての措置だが、引揚げたあとで二件の大立回りがあった。ともに酒がアダになった仲間同士のケンカながら、二の丸で争った一組は他のお花見客にまで難くせをつけ、あたりはしばらく通行止め。警察としては盲点をつかれた形で、初日にして早くも黒星。日中が比較的おとなしかったのに気をゆるしたのがいけなかった。このほか、深夜になってからグデングデンに酔っぱらったハイティーン族が三人、五人とまぎれ込みしばふの竹がきをけとばしたり、花を折ったりの大あばれ。

秋田魁新報（1959年４月20日付）

しかったのに気をゆるしたのがいけなかった。このほか、深夜になってからグデングデンに酔っぱらったハイティーン族が三人、五人とまぎれ込みしばふの竹がきをけとばしたり、花を折ったりの大あばれ。

絶えない乱闘騒ぎ

右記のように、昭和三〇年代前半の花見会場も、地域を問わずマナー・モラルの低さが目立ちました。昭和二〇年代に比べて、迷惑行為がさらに増えたという感じがします。その象徴的な例が、花見客らによる大乱闘です。一升瓶を振り回してケンカをするという事例はすでに紹介しましたが、その規模・内容はさらにエスカレートしていきました。毎年、全国各地で大勢が殴りあい、時には死者も出ています。

一九五六（昭和三一）年四月二日には、横浜で花見帰りの団体客ら計七〇人以上が、バス移動中の休憩先で大乱闘を演じています。足を踏んだ、踏んでいないという些細《ささい》なことがきっかけでケンカがはじまり、スコップや棒切れ、ビール瓶などで殴り合うという事態にまで発展しました。この事件を起こした一方の当事者は、あろうことか警視庁警察官のグループでした。死者こそ出なかったものの、本来取り締まりにあたる側の警察官がこうした乱闘を起こしたことで問題になりました（朝日新聞・一九五六年四月三日付参照）。

一九五八（昭和三三）年四月五日には、さらに多い約一〇〇人が乱闘騒ぎを起こすという事件がありました。この日、山梨県の河口湖で、会社の慰安旅行で訪れた団体二八〇人と、静岡県富士市の青年団のメンバー六〇人がケンカをはじめ、うち一〇〇人ほどが三〇分にわたって殴り合いを演じたということです。当事者はごく一般の人たちです。そんな人々が、酒の勢いでこうした事件を引き起こしてしまったのです（朝日新聞・一九五八年四月六日付参照）。

乱闘騒ぎが絶えない風潮について、新聞のコラムは毎年のように嘆きの声を上げています。そのなかから二つを紹介します。

　今年のお花見はどうもすこしケンカや殺人が多すぎた。これではいまにピストルを持った警官に警戒してもらってお花見をやるようになるかもしれない。酒とケンカがつきもののような

上野公園のお花見のルールを紹介したポスター（2014年）

お花見はやめた方がよい。地方版をみるとお花見なのか、それともケンカと傷害のコンクールなのか、とんと見当がつかなくなるのだからこまったものだ。（朝日新聞・一九五六年四月一八日付）

北国をのぞいてさくらが散りはじめました。しとしとと降りそそぐ春雨に散りいそぐさくら――なかなかにウェットな風景です。ところがこのさくらの下で相変らずケンカ、なぐり合いの血だらけさわぎがくりひろげられているということはいったいどういうことなのでしょうか。お花見といえば風流なものなのにこれに酒のみのケンカがおまけにつくとは情けない国民性です。〔中略〕それこそほんのりとさくら色になるくらいの酒ならいいのですが、相手のいったい何が気に食わないのか一升ビンをふり上げての暴力ざた、まことに遺憾千万《いかんせんばん》といわねばなりません。（讀賣新聞・一九五八年四月一一日付）

酔客が荒れる背景

花見会場で暴力事件が頻発する風潮について評論家の大宅壮一《おおやそういち》（一九〇〇～一九七〇）は、「現在は社会的に一種のケンタイ期にあると思う。同じような政府の同じような政治が続き、何となく息苦しいようなモヤモヤした気持ちが社会にみなぎって来て、国民はだれにともなく、何かに向かってウップンをぶちまけたい気持ちになっている」（讀賣新聞・一九五八年四月九日付）と述べています。

大宅がこう語った一九五八（昭和三三）年当時、人々の政治への関心は非常に高く、この年の五月に行われた衆議院議員総選挙では投票率が七六・九九パーセントと、非常に高い数値を記録しました。この投票率は、戦後、男女普通選挙が行われるようになってから今日に至るまでの最高数値です。

この選挙では、社会党の躍進が期待されながら、それほど議席を増やすことはできませんでした。ここで、自民党と社会党の議席数が二対一となる構図が固まり、いわゆる「五五年体制」が一九九三年まで続くことになります。これまでの「同じような政府の同じような政治」が固定化し、以後四〇年近くにわたって継続していくわけです。

また、当時は鉄道のストライキが多く、労働者らが自分たちの要求を会社側に認めさせようと行動を起こしていました。その一方、ストライキのできない職業に就いていた人たちは、こうした状況に不満を蓄積させていきました。このような背景から、「職業の違う者に対してバク然とした対立感が花見などで異種の集団にぶつかると、酒による解放感やヒロイズム、あばれる快感などが手伝ってケンカが起りやすくなると思う」と大宅は分析しています。

加えてこのころは、一九五四（昭和二九）年から続いていた神武景気が終息し、一九五八（昭和三三）年の前半まで「なべ底不況」と呼ばれる景気の落ち込み期にさしかかっています。大宅の発言は、こうした閉塞した状況のなかで、人々が世の中に対する不満を募らせていたという背景も踏まえてなされたとものと考えられます。

日本人が酒を飲んで周囲に迷惑をかける姿は、前章で見たとおり外国でも見られました。花見会場にかぎらず、古くから酒を飲んで自制心を失うという人が後を絶ちませんでした。日本社会では伝統的にこれを容認する風潮が強く、まさに「酔っ払い天国」だったのです。こうした伝統について、民俗学者の柳田國男（一八七五～一九六二）は次のように記しています。

酒は飲むとも飲まるるなということを、今でも秀句の如く心得て言う人があるが、実際は人を飲むのが即ち酒の力であった。客を酔い倒れにし得なかった宴会は、決して成功とは言わなかったのである。味とか色とかの美しくなったのは、誰にも知られて居る近世史であって、昔は酔うという目的以外に、味や色香を愛して嗜《たしな》むということが無かった。（柳田國男「明治大正史・世相篇」『定本・柳田國男集』第二四巻、一九七五年、二七五ページ）

元来、酒は味や香りを楽しむものではなく、もっぱら酔うために飲まれていました。宴会に招いた客を酔いつぶすことは、「成功」とさえ言われていたということです。かつては、相手を酔わせることこそがある種の「マナー」だったわけです。時代とともにそうした「マナー」は変化していきますが、好き嫌いにかかわらず他人に酒をすすめることをよしとする文化、そして酔った人が起こした迷惑行為を許容するという文化はなかなか廃れることがありませんでした。

酒を酌み交わすことで互いに打ち解け、人間関係を円滑にしようとする習慣は今日でもごく普通に見られます。日本において、お酒は「社会の潤滑油」としての大きな役割を担ってきたことは間違いありません。しかし、時代が進むにつれて、とくにさまざまな人が集まる公共の場では、酒に酔って周りに迷惑をかける人に対して批判的な目が向けられるようになっていきました。

そもそも日本人は、遺伝的に酒に弱い人が約半数を占めています。酒に強いか弱いかは、アルコールを分解する過程で生じるアセトアルデヒドを分解する酵素が十分備わっているかどうかによって決まります。これは遺伝子によって決定づけられているため、「慣れ」や「訓練」で向上させられるものではありません。

近年、飲酒を無理強いすることはアルコール・ハラスメントとして問題視されるようになってきています。それでも、「イッキ飲み」の強要や、急性アルコール中毒で死亡する例が後を絶ちません。かつてはよしとされていた人を酔い潰す習慣は、今日では訴訟の対象にもなりかねないのです。

3　日本人の暴力性を知る

多発する暴力事件

昭和三〇年代の日本で暴力事件が頻発していたのは、花見会場にかぎりません。ここで一旦、視点を会場の外に移して、日本人の暴力性について見てみたいと思います。

当時は、街のあちらこちらで事件が日常的に起きていました。戦後の犯罪統計を見ると、暴行、傷害、いずれの認知件数についても、昭和三〇年代に最高値を記録しています。統計の詳細は次章で見ていきますが、このころに暴力事件の多さが大きな社会問題となっていたことは当時の報道からも知ることができます。暴力事件が頻発する世相について、一九五三（昭和二八）年九月一二日付の〈讀賣新聞〉の社説は次のように論じています。

〔前略〕このような犯罪世相を、われわれはどうみたらよいか。戦争がおわってから、もう八年にもなる現在である。せまい意味の戦争の遺産として、復員者が常軌をはずした行動に出る世の中ではもうない。経済の実力にふさわしいかどうかは問題であるが、国民の生活水準は、とにもかくにも、ほぼ戦前にもどった現在である。これらのきわ立った最近の犯罪が、

――主として生活難からきているとはいえない。現に生活難の直接の反映である窃盗の犯罪件数は、昭和二十三年を頂点として、年とともに減ってきている。むしろ、最近増加している犯罪の大きな特徴は、暴力ということにあるらしい。〔以下略〕

戦後間もないころは、生活難に伴う犯罪が多発していました。しかし、世の中が落ち着きを取り戻すにつれ、貧しさを直接の原因とするような犯罪は減少していきます。その一方で、暴力事件は増加していきました。大人だけでなく少年による犯罪も増えていきます。なかでも、殺人をはじめとする凶悪事件の多発は世の中に暗い影を落としていました。

こうした犯罪が起こる原因について、一九五八（昭和三三）年九月三日付の〈毎日新聞〉は次のように記しています。

――〔前略〕問題なのは彼らの犯行の動機だ。警察庁の統計によると、彼らが罪を犯す心理的な動機で一番多いのは〝小づかい銭欲しさ〟〝出来心〟〝うらみ〟〝好奇心〟などであり、いずれも深刻さはなく、おとなが理解できないほど単純である。その原因は「いまの青少年には忍耐力が乏しいからではないか」（増井警察庁防犯課長）といわれている。〔以下略〕

一九五二（昭和二七）年の参議院本会議で、参議院議員の松原一彦は、「日本国民は由来非常に短気な国民である。癇癪《かんしゃく》持ちの国民である」（国会議事録・昭和二七年三月二五日）と、日本人の気質について述べています。旧安保条約の施行を前に、それがもたらす問題点に関して述べたなかでの発言ですが、日本人のメンタリティーついてこうした指摘は少なくありません。先の〈毎日新聞〉の記事のなかで、警察庁防犯課長が「いまの青少年には忍耐力が乏しいからではないか」と語ったように、いわゆる「キレやすい」若者が多かったのは事実です。

現在でも、「最近の若者はキレやすい」という声があります。その原因としてさまざまな事柄が挙げられています。なかにはテレビ、電子ゲーム、携帯電話といった現代文明の産物が槍玉《やりだま》に挙げられることも少なくありません。しかし、そうした機器が普及する前から、日本人の「キレやすさ」は指摘されていたのです。

凶悪事件の実例

昭和三〇年代、「短気」「癇癪《かんしゃく》持ち」と評された日本人が実際どんな犯罪を起こしていたのか、その具体的な例を箇条書きでいくつか挙げてみましょう。

●一九六〇（昭和三五）年一月、滋賀県で小学四年の少年（九歳）が上級生の少年（一〇歳）から暴行を受けて殺害される事件があった。一月八日の午後、小学四年の少年は自宅近くの公園で野球をしていた。このとき仲間に入れてもらえなかったことに腹を立てた上級生の少年は、小学四年の少年の頭を拳で数回殴りつけ、両足を持って引きずるという暴行を加えた。翌日の午後、暴行を受けた少年は気分が悪くなり病院へ運ばれたが、脳内出血により死亡した。（朝日新聞・一九六〇年一月一二日付参照）

●一九六〇（昭和三五）年一月一二日、広島県内の公園の入り口付近で一七歳の学生が殺害されるという事件があった。逃走中の犯人を捜査していた警察は、同日夜、一五歳と一四歳の無職の少年二人を殺人容疑で逮捕。少年のうちの一人は、一七歳の少年がかぶっていた帽子が欲しかったが、拒まれたため突き刺したと供述した。（四国新聞・一九六〇年一月一四日付参照）

●一九六〇（昭和三五）年一月二五日、大分県の警察に、「三歳の子どもが赤ん坊を切った」と届け出があった。この日三歳の男児は親の知人の家を訪れ、生後七か月の女児と遊んでいた。男児は女児が泣くのに腹を立て、炊事場から菜切り包丁を持ち出し、女児の着物を肩まで脱がせて切りつけ、頭や背中など七か所に三週間の傷を負わせた。男児は「あんまり泣くから切った」と話した。（西日本新聞・一九六〇年一月二六日付参照）

●一九六〇（昭和三五）年三月二一日、東京都で中学二年（一四）と小学六年（一二）の少年二人が、小遣い欲しさからタクシー運転手を刺すという事件が起きた。同日夜、タクシー運転手の男性（四〇）が血まみれになって警察へ「やられた」と助けを求めてきた。運転手はこの日、少年二人をタクシーに乗せて指定の場所近くに着くと、いきなり二人からナイフで左頬と後頭部を切りつけられた。二人は料金を踏み倒して逃げたので、運転手は追いかけたが見失う。警察が現場へ向かい、付近で少年二人を捕まえると、少年らは犯行を自供した。二人は、「遊ぶ金がなくてはつまらない。運転手でもやっつけて金をとろうよ」と相談し、犯行に及んだとのこと。（讀賣新聞・一九六〇年三月二二日付参照）

●一九六〇（昭和三五）年二月四日、香川県内の山林の井戸から中学一年生の少女（一三歳）が遺体で発見された。頭や背中を鈍器のようなもので殴られた痕があり、警察が捜査したところ、同級生の少年（一三歳）が同月二七日に殺害を自供。少年は、二月三日の夕方、学校の成績のことで少女とケンカになり、野球のバットで殴った。少女が倒れたために驚いて、近くの井戸に投げ込んで帰宅したと供述した。（秋田魁新報・一九六〇年三月二八日付参照）

●一九六〇（昭和三五）年四月二八日、大阪府に住む男性（五九歳）がウイスキーを飲んで急死した。事件を捜査していた警察は、三男の一四歳少年から事情を聞いていたが、五月三日朝になって「父親を殺した」と自供。警察の調べによると、少年は素行のことで男性からひどく叱られたことに腹を立て、野犬駆除用の劇薬をウイスキーに混ぜたとのこと。（朝日新聞・一九六〇年五月四日付参照）

●一九六〇（昭和三五）年一一月一〇日、東京都で無職の少年（一七歳）が継母を殴殺する事件があった。少年は失業中で、職探しをして自宅に戻ったところ、継母から「どこへでも行け」と冷たい態度をとられたことからカッとなり、バッドで継母の頭を数回殴って殺害した。（讀賣新聞・一九六〇年一一月一一日付参照）

すでにお気付きのとおり、ここで取り上げた事件はすべて一九六〇（昭和三五）年に起こったものです。しかも、被疑者は一〇代もしくはそれ以下の子どもです。起きた時期、被疑者の年齢を絞り込んでも、こうした事例はたくさん見つかります。ほかの事例についても、推して知るべしといったところでしょう。(1)

酔っ払い防止法

話を再度花見会場に戻します。会場でのマナー・モラルの低さは昭和三〇年代後半に入っても相変わらずでした。酔って暴力を振るう、ゴミを散らかしていく、桜の枝を折るといった行為は、各地の花見会場で引き続き問題視されていました。当然、毎年のように繰り返される迷惑行為を、

（1）過去の少年犯罪に関する情報は、ウェブサイト「少年犯罪データベース」に網羅されています。

市民や行政が座視していたわけではありません。なんとかこのひどい状況を打開しようと多くの人が声を上げ、行動を起こしました。昭和三〇年代後半は、こうした動きが目立ちはじめた時期にあたります。

なかでも顕著だったのが女性たちの活動です。花見会場で迷惑行為を繰り広げる人の大半は男性でした。それを傍《はた》から苦々しい思いで見ていた女性たちが、行動を起こしたのです。地域婦人会をはじめとする女性らの団体は、会場で清掃活動を行ったり、マナー・モラルの向上を訴えるためにプラカードを持って行進したりして、少しでも改善を促そうと努めました。

市川房枝（国立国会図書館所蔵）

女性たちの動きが大きな実を結んだのが、一九六一（昭和三六）年五月一九日に成立した「酒に酔って公衆に迷惑をかける行為の防止等に関する法律（酔っ払い防止法・酩酊《めいてい》防止法）」です。これは市川房江《いちかわふさえ》（一八九三〜一九八一）、紅露《こうろ》みつ（一八九三〜一九八〇）ら超党派の婦人議員による議員立法で成立した法律で、「過度の飲酒が個人的及び社会的に及ぼす害悪を防止し、もつて公共の福祉に寄与すること」を目的にしています。

この法律では、公共の場所などで酒に酔った人が迷惑行為をはたらいている場合に、警察が保護することを規定しています。同時に、迷惑行為が著しい場合は、拘留《こうりゅう》または科料《かりょう》に処されることなどが定められています。それまでは、女性に対してわいせつな行為をはたらいても、暴れて他人にケガを負わせても、「まあまあ、酒のうえのことだから……」の言葉で済ませてしまう風潮がありました。まだ「セクシャル・ハラスメント」という言葉もなかった時代、多くの女性が泣き寝入りをしていた状況に風穴を開けたという意味でも画期的な法律だったと言えます。

では、法律が施行されてから、当の花見客らに変化はあったのでしょうか。一九六二（昭和三七）年四月一一日付の〈朝日新聞〉は、花見

12版 (12)

落第！お花見エチケット

東京版（都心）

紙クズ、車に十台分

ベンチは池に　遊戯具こわす

上野公園

朝日新聞東京版（1962年４月11日付）

が行われた上野公園の様子を伝えています。大量の紙くずや弁当箱が散らかっていたというのは例年どおりです。それ以上に悪質な出来事として、「いちばんひどいのは〔四月〕五日夜に不忍《しのばず》池《いけ》のほとりのベンチ二十九個、くずカゴ八個が根こそぎひっくり返され、うちいくつかは池の中にほうりこまれるという手荒なヤツだった。こんな大がかりなイタズラは公園はじまって以来のことだ」と報じています。

さらに、四月九日の夜に起きた事件として、「動物園入口前の児童遊園地のサクやブランコがメチャメチャにこわされ、金属製の遊戯器具も大石でたたかれてあっちこっちをへこまされた」と伝えています。こうした状況について、公園事務所の職員は「とにかく、昔ながらの〝上野の山のお花見〟気分からちっとも進歩していませんね。もっと公園だということを自覚してもらいたいもんですが……」と、嘆きとも言えるコメントを発しています。

いずれの犯行も酔っ払いによるものと見られています。この法律が施行されて以後、実際に法律に基づいて警察が酔っ払いを摘発するケースも増えていきました。また、花見会場のなかには、飲酒そのものを禁止する所も出てきました。とはいえ、「酔っ払い防止法」という法律ができたからといって、状況がすぐに改善するわけではありません。自制がきかなくなるまでお酒を飲む習慣、酔っ払いに寛容な風潮は、簡単には変わりませんでした。

4　変化の時期を見いだす

ゴミが散乱する公園

一九六四（昭和三九）年四月、日本は「先進国クラブ」とも称されるＯＥＣＤ（経済協力開発機構）への加盟を果たしました。そして、同年一〇月には東京オリンピックを成功裏に終え、日本は名実ともに先進国の仲間入りをしたことを内外にアピールしました。しかし、国民のマナー・モラルはまだ先進国入りしたとは言えない状況が続いていました。

昭和四〇年代に入っても、花見会場ではゴミの放置、酔っ払いによる迷惑行為などが後を絶たず、新聞は嘆きの声とともにその様子を伝えています。一九六五（昭和四〇）年四月一一日、

1964年10月10日、東京オリンピック開会式の様子。アジア初の開催で、94か国から5,558人の選手が参加した（写真提供：東京都）

当時の首相、佐藤栄作（一九〇一～一九七五・第六一～六三代首相）はゴルフに出掛けた帰りに上野公園へ立ち寄り、公園内にゴミが散乱している様子を見て唖然《あぜん》とした表情を浮かべていたと、同月一二日付の〈朝日新聞〉は伝えています。同時に首相は、「いまさら公衆道徳の欠如を批判してもはじまらないが、清掃人をもっとふやして徹底的にそうじすれば、自然によごさなくなるだろう。東京都に伝えてもらいたい」と語っています。

なにげない発言ですが、「徹底的にそうじすれば、自然によごさなくなるだろう」と述べた点は注目しておきたいところです。取り締まりや教育・啓発ではなく、徹底的に掃除することを求めた点は、マナー・モラルを考えるにあたっての重要なポイントとなります。この点に関しては、のちの章で触れていきます。

当時、花見会場におけるゴミの問題を解決しようと、関係者は啓発に取り組んでいました。しかし、一向に改善の兆しは見られませんでした。新聞では毎年「トラック〇トン分」といった見出しで、ゴミの量の多さが伝えられています。花見客らは、会場で好き勝手に飲食を楽しみ、食べ残しやゴミを放置していきました。とにかく今を楽しむことに夢中で、「あとは野となれ山となれ」といった心境だったのでしょう。そして、人々が去ったあとには、まさに「ゴミの散乱した荒れ野」と「ゴミの積まれた山」が残されたのです。

このころの花見に関する記事で、ゴミの多さとともに大きく伝えられているのが人の多さです。

会場の混雑ぶりはすでに毎年のように報じられていましたが、一九六七（昭和四二）年四月二二日に造幣局（大阪）の「桜の通り抜け」で起きた事故であらためて注目されました。

この日の夜、造幣局に二〇万人もの花見客が押し寄せ、中に入れない人が門の前に殺到しました。押し合いへし合いのなかで将棋倒しが発生し、一人が死亡、二七人が重軽傷を負うという惨事となりました。この事件では、すでに身動きがとれなくなって危険を感じている群衆に対して、おもしろ半分で押す人や祭りのように騒ぐ酔っ払いが加わったことなど、一部の人のマナー・モラルの悪さも問題視されました。

また、昭和四〇年代の新聞記事で目立つようになってきたのが飲酒運転による事故です。花見会場外の出来事ですが、宴会で酒を飲み、そのまま車を運転して帰宅する途中で事故を起こすというケースが目につくようにな

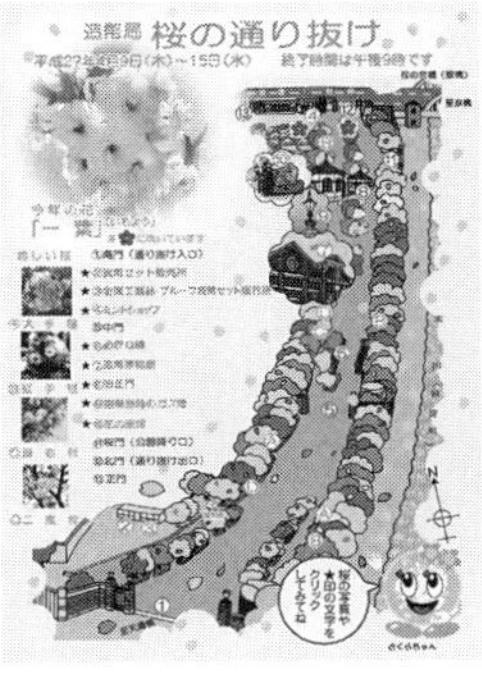

「桜の通り抜け」イラストマップ（2015年）

2015年４月の造幣局「桜の通り抜け」。最近はマナーがよくなった（写真提供：独立行政法人造幣局）

りました。当時は、交通死亡事故が非常に多く、その状況が「交通戦争」と呼ばれていたくらいです。昭和三〇年代から四〇年代にかけて、交通事故による死者数は年々増加傾向をたどり、一九七〇（昭和四五）年に「第一次交通戦争」はピークを迎えています。この動きに比例するかのように、花見シーズンに飲酒者が起こす自動車事故も多くなっていきました。

改善に向かう変化

昭和四〇年代初頭、花見客のマナー・モラルの低さは相変わらずでしたが、これ以後少なからず変化が見られるようになります。四〇年代の花見に関する報道を見ると、それまで多発していた大人数での乱闘、一升瓶を持っての殴り合いといった事件が少なくなっていることが分かります。暴力事件そのものがなくなることはありませんでしたが、年々目立たなくなっていったのは事実です。酔った人が大声で騒ぐ、大音量でカラオケをするなどの迷惑行為はあるものの、直接ほかの花見客に手を出すというケースは減少しています。

同様に、桜の木やモノを損壊するといった行為も下火になりました。このころになると、桜の枝を折る行為が報じられるケースは明らかに少なくなっています。さすがに「昭和三〇年代に比べてマナー・モラルがよくなった」と率直に評価する記述は見あたりませんが、事件報道が減ったことは大きな変化だと言えるでしょう。

以前は花見客の行動を糾弾していた社説やコラムも、ゴミ問題を除いてほとんどマナー・モラルに言及しなくなりました。各紙の記事を見るかぎり、昭和四〇年代に入ってから、花見会場における人々のマナー・モラルが変化していったことは確かだと言えます。

この傾向は昭和五〇年代に入っても続きます。会場に残されるゴミの問題が相変わらずクローズアップされることはありますが、それ以外はケンカや事故がたびたび報じられる程度です。マナー・モラルに関する事例が大きく報じられることは稀《まれ》、といった状況になりました。

一九七八（昭和五三）年四月一〇日付の〈朝日新聞〉のコラムは、花見をテーマにして書かれています。花を愛《め》でるために多くの人が東京・井の頭公園を訪れたことに触れ、「さして広くはない公園に押し寄せた花人は五、六万人にのぼるそうだ。子供の泣き声、ギター、歌声、アッチムイテホイ、風船売り、スズメのさえずり、迷子の放送、カラオケ、人いきれ、土煙、ハトの舞い、イカやトウモロコシを焼くにおい、酒のにおい、また迷子の放送」と具体的な例を挙げてその様子を伝えています。きわめてのどかな花見会場という印象です。

これを読むかぎり、マナー・モラルの悪さは感じられません。昭和三〇年代であれば、ここに「ケンカの罵声、酔っ払いの騒ぎ声、枝を折られた桜、転がる一升瓶、ゴミの臭気」といったキーワードが並べられたことでしょう。

コラムでは、会場を訪れる人たちについて、「花にひかれてというよりも、花をだしにして集まり、いわゆる『花より団子』の世界は江戸時代に流行し、次々に桜の名所がつくられていったという。そして花見酒がはやればはやるほど、桜を見る目が退化していった」と記す程度で、とくにマナー・モラルには触れていません。

そのちょうど一〇年後、一九八八（昭和六三）年四月一〇日付の同コラムも花見会場の様子を描いています。ここにも、批判的な記述はありません。

「花をだしにして集まり、にぎやかに騒いで憂《う》さを捨てる習わしはいつのころから定着したのか。酒なくて何のおのれが桜かな、の世界は年々盛んになるのみである」と記されている程度で、花見客がお酒を飲むことについては書いていますが、直接マナー・モラルの問題には言及していません。担当記者の印象論の域を脱しないとはいえ、昭和三〇年代の記事と比較して大きく変化していることは明らかです。

このような傾向は東京以外の地域においても同じです。先に昭和三〇年代の事例として、秋田市・千秋公園の様子を紹介しました。〈秋田魁新報〉では、ゴミの問題はもちろん、酔っ払った客がモノを壊したり、ケンカをしたりという事件が起き、警察が動く様子が報じられていました。二〇年後の昭和五〇年代の記事を見ると、同公園における花見の様子が変化していることが分かります。

一九八二（昭和五七）年四月二六日付の同紙では、千秋公園に六万人の花見客が訪れたことを報じ、会場の様子などが描写されていますが、事件に関する記述はありません。酒についても、「野宴では相変わらず酒盛りするグループが多いが、ことしは『酔客にからまれた、などの苦情はなかった』と同本部〔秋田署警備本部〕」と伝えられており、花見会場は比較的穏やかだったことがうかがえます。

さらに時代を下った一九九〇（平成二）年四月二三日付の同紙でも千秋公園の様子を伝えていますが、酒絡みでは「大学生らの花見グループも多く、大声を出しながらの〝イッキ飲み〟に散策中の人たちが立ち止まるシーンも見られた」と記すのみで、それ以上の言及はありません。とくにマナー・モラルに関する記述はなく、昭和三〇年代までとは大きく様変わりしたことが読み取れます。

現在の千秋公園における花見の様子。ここは秋田県有数の桜の名所として知られる（写真提供：秋田市）

転機の昭和四〇年代

ここまで、新聞記事をもとに花見会場におけるマナー・モラルの変遷を見てきました。記事からは、昭和四〇年代ごろに変化が現れたことが分かります。昭和三〇年代までは、酒に酔った人が暴力事件を起こしたり、大勢で乱闘騒ぎを起こしたり、ひどい場合は殺人事件を起こすといったケースもありました。また、桜の枝を折って持ち帰ったり、公園内のモノを壊したりする行為も目立ちました。

しかし、昭和四〇年代ごろから状況が好転し、五〇年代以降はこうした事例が明らかに少なくなっています。現在も、花見会場における事件はたびたび起きていますが、稀《まれ》なケースになっていることは事実です。

新聞に掲載された情報だけからの推測ではありますが、花見客のマナー・モラルが昭和四〇年代を境に高まっていったことは間違いないと言えます。もちろん、なかには報じられていない事件もあるでしょう。

言うまでもなく、新聞が世の中で起きたすべての出来事を網羅しているわけではありません。とはいえ、社会において「悪化している事象」や「悪いニュース」に敏感なメディアが、花見会場のマイナス面をあまり取り上げなくなったという事実は、ここで得られた推測の裏付けとして十分な説得力をもつと言えるのではないでしょうか。

昭和四〇年代ごろから全般的にマナー・モラルが向上したと言える一方で、ゴミの放置問題は昭和五〇年代以降も今日に至るまで大きな課題となっています。量や中身に変化はあるものの、花見会場に多くのゴミが残される事実は昔から変わっていません。ただ、放置のされ方についてはは若干の変化が見られます。

一九七二（昭和四七）年四月二四日付の〈秋田魁新報〉は、花見会場のゴミについて、「人の集まるところに捨てるのは気がひけると見え、山の斜面へ放り投げる向きが多い」と指摘しています。実際に捨てた人たちの心理は分かりませんが、少なからず周りの目を意識していたことがうかがえます。

これまで見てきた事例から、酒に酔って騒ぎを起こす、桜の枝を折って持ち帰る、あるいは人目に付きやすい場所にゴミを捨てるといった比較的目立つ行為が減少していったことが分かります。その一方で、周囲の目が届きにくいと思われる場所へのゴミ放置は減りませんでした。こうした事実から判断するかぎりでは、昔に比べて花見客が周りの目を意識するようになったのでは、という推測も成り立ちそうです。

花見会場を訪れる人々の意識にどんな変化があったのかについては、のちの章であらためて考察していくことにします。

5　データから変化を探る

公衆道徳に関する世論調査

花見会場における年代ごとの変化を新聞報道でたどってきた結果、昭和四〇年代がマナー・モラルの転機だったという仮説が得られました。一九六一（昭和三六）年の「酔っ払い防止法」の制定など、改善に向けた動きの高まりを含めると、昭和三〇年代後半ごろからその兆《きざ》しがあったとも考えられます。この仮説を検証するため、次は具体的なデータをとおしてマナー・モラルの変遷を見ていくことにします。

まず、戦後の大まかな変化を裏付ける二つのデータを取り上げます。最初に紹介するのは、公衆道徳に関する世論調査の結果です。内閣府は、毎年さまざまなテーマで世論調査を実施しています。そのなかに、公衆道徳に関する質問が含まれているものがあります。毎年同じ項目で調査が行われているわけではないので、戦後の変化を長いスパンで詳細に考察することはできません。ただ、時期は限定されるものの、同一の質問に対する回答の年次変化を見ることで、日本人の公衆道徳に関する大まかな傾向が読み取れます。

世論調査の項目のなかに、次のような質問があります。

●「今の日本では、一般にまだ公衆道徳が守られていない」という意見がありますが、あなたもそう思いますか、そうは思いませんか？（昭和四四年〜五五年調査）
●あなたは、今の日本では、公衆道徳は守られていると思いますか。そうは思いませんか？（昭和五六年〜平成五年調査、昭和三六年調査もほぼ同様）

問い方は異なるものの、求めている事柄は同じです。この結果をまとめたものが次ページに掲載したグラフ（**図1**）です。

いずれの年においても、「そう思います」あるいは「守られていない」と答えた人、つまり「公衆道徳が守られていない」と考える人が多数を占めています。あくまでも調査対象となった人たちの主観ですが、年代を問わず、日本人のマナー・モラルについてはマイナスのイメージをもつ人が多かったことが分かります。

しかし、そうしたなかでも、年を経るごとに数値が徐々に変化していく傾向が読み取れます。すなわち、昭和三〇年代から平成に至るまで、日本で「公衆道徳が守られている」と考える人が少しずつ増加していったということです。もっとも、昭和五六年に問い方が変わったことによって、肯定的な回答が出やすくなったという事情は無視できません。ただ、この点を考慮しても、緩やかな増加傾向が平成に入るまで続いたと見て差し支えないでしょう。

図１　公衆道徳に関する世論調査結果の推移

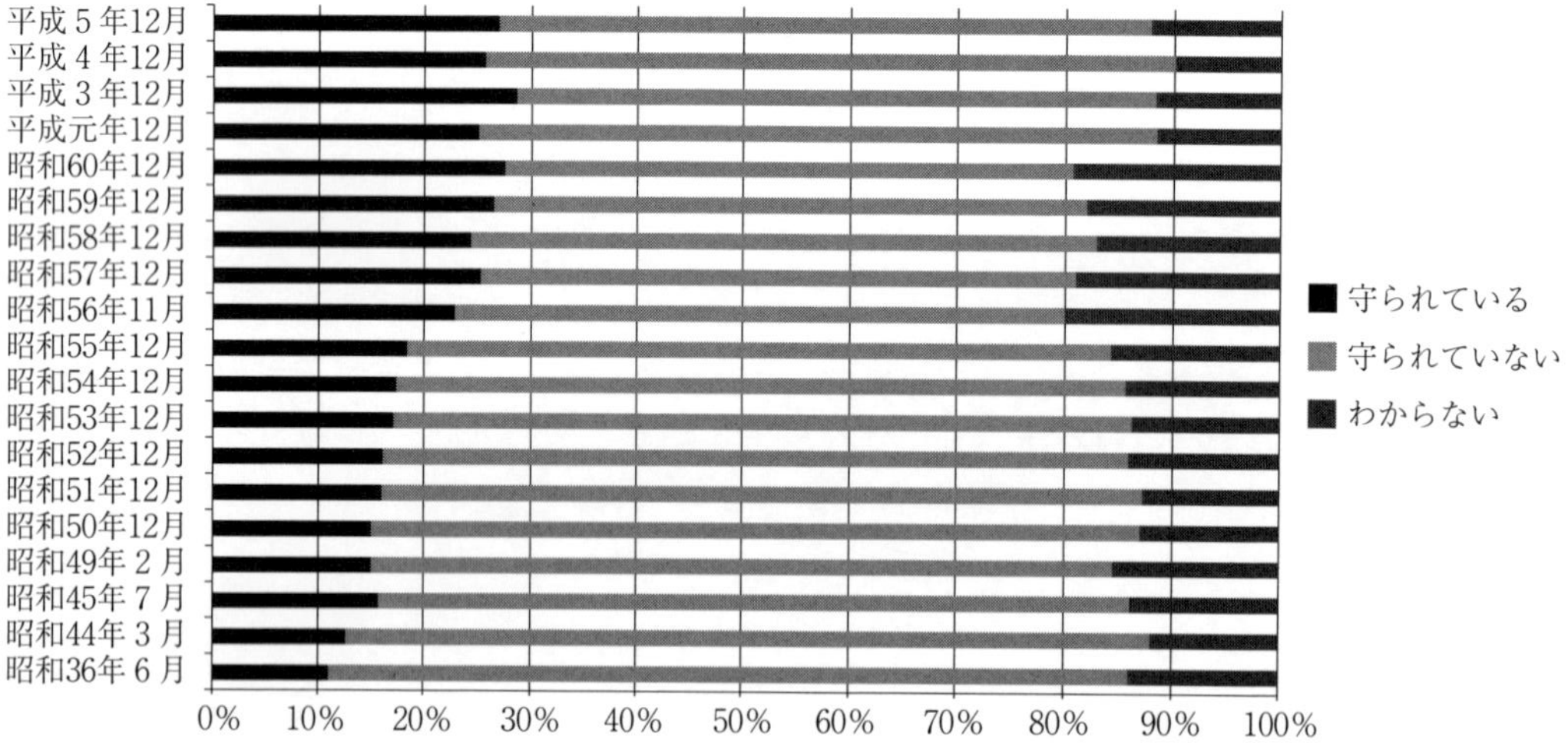

調査名称：「社会意識に関する世論調査」
※昭和45年は「社会的関心に関する世論調査」、昭和36年は「青少年に関する世論調査」

調査対象：全国の20歳以上男女
※昭和44年は「全国の16歳以上70歳未満の者」、昭和36年は「満16歳以上19歳までの男女、但し、未婚者に限る」
出典：内閣府ホームページ

また、先に述べたとおり、この質問が提示されたのは戦後の一時期にとどまっています。調査されていない年代も多いため、必ずしも一連の動きとして見ることはできません。どの時期が転機となったのかなど、詳しいことをこのグラフから読み取ることはできませんが、少なくとも戦後において、日本人の公衆道徳に向上という変化が見られたと推測することは可能でしょう。

酔っ払い防止法の違反件数

次に挙げるのは、先に紹介した「酒に酔って公衆に迷惑をかける行為の防止等に関する法律（酔っ払い防止法・酩酊《めいてい》防止法）」による検察庁の新規受理人員の推移です（**図2**参照）。一九六一（昭和三六）年にこの法律が施行され、その翌年から一九八一（昭和五六）年まで、年によって大きな変動はあるものの毎年一〇〇〇人を超える人が摘発されています。そして、一九七七（昭和五二）年から続く減少傾向は以後も継続し、平成に入ってからは五〇〇人以下の人数で推移しています。

この数値は検察庁が受理した人数ですので、言うまでもなく、酒に酔って他人に迷惑をかけた人の実数ではありません。当然、この数値をはるかに上回る暗数があると思われますが、戦後の大まかな傾向を読み取るには十分でしょう。

近年は、若者のアルコール離れがよく指摘されています。そんな状況を踏まえて、日本人がア

図２　酔っ払い防止法の検察庁新規受理人員および１人あたり年間アルコール消費量の推移

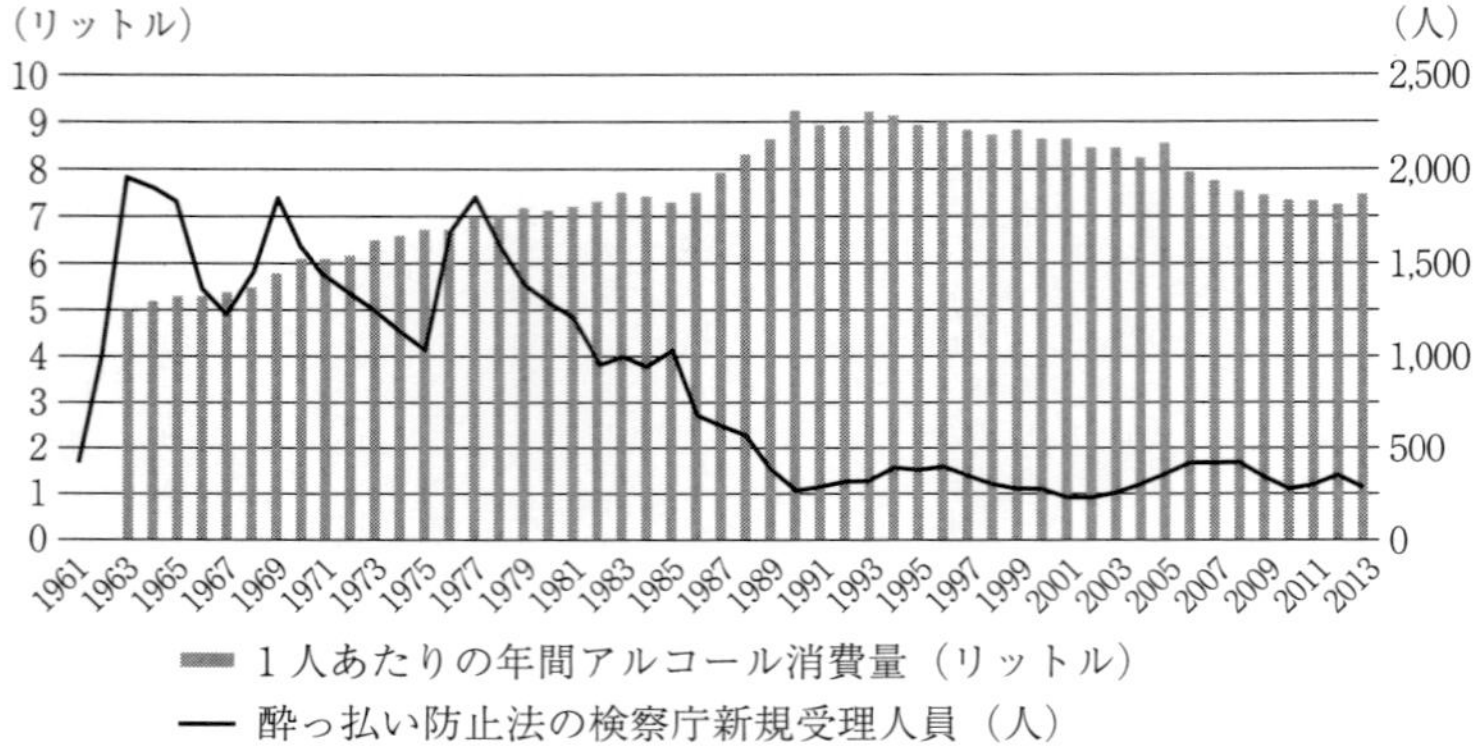

出典：OECD Non-Medical Determinants of Health : Alcohol consumption、法務省「犯罪白書」

ルコールを飲まなくなったから、酔って迷惑をかける人も減ったと考える方がいるかもしれません。確かに、日本人一人当たりのアルコール消費量は一九九〇年代以降、減少傾向が見られます。しかし、それ以前はほぼ一貫して消費量は伸びていたのです。統計を見るかぎり、日本人は酒をたくさん飲むようになった一方で、酔って迷惑をかける人が少なくなっていったと考えることができます。

その背景の一つとして、酒を飲む習慣の変化が挙げられます。今でこそ、酒はコンビニエンスストアなどで手軽に購入することができ、毎日自由に飲むことができます。しかし、昔はそういうわけにはいきませんでした。

一般庶民が好きなだけ酒を飲めたのは、冠婚葬祭やなんらかの集まりがあるときだけでした。普段はあまり飲まず、行事があるときに大量に飲んで酔うというスタイルが一般的だったのです。そのため、年間トータルの消費量は今日より少ないものの、一回の飲酒で大量に消費するケースが多かったのです。ゆえに、極度に酔う人が数多くいたのではないかと考えられます。

傷害・暴行および殺人の統計

続いて、戦後のマナー・モラルの変化をより詳細に読み解く材料として犯罪統計を見ていきます。近年、戦後の治安動向を紹介する資料として各所で取り上げられていますので、すでに目にされている方も多いのではないでしょうか。ここでは、花見会場における暴力事件に関連して、傷害（致死を含む）と暴行を取り上げます(2)（**図3**参照）。

先に述べたとおり、昭和三〇年代の日本では暴力事件が多発していました。この事実は、データからも読み取ることができます。傷害、暴行いずれの認知件数も、昭和三〇年代前半をピークに、平成に向けてほぼ一貫して減少傾向にあります。

ただ、この数値はあくまでも犯罪の「認知件数」です。認知件数とは、事件が警察に届け出られるなどして、警察が犯罪として認知したものの件数を指します。犯罪の「発生件数」ではありません

(2)　暴力を振るって相手がケガをした場合は「傷害罪」、ケガをしなかった場合は「暴行罪」がそれぞれ適用される。

図3　傷害および暴行の認知件数の推移

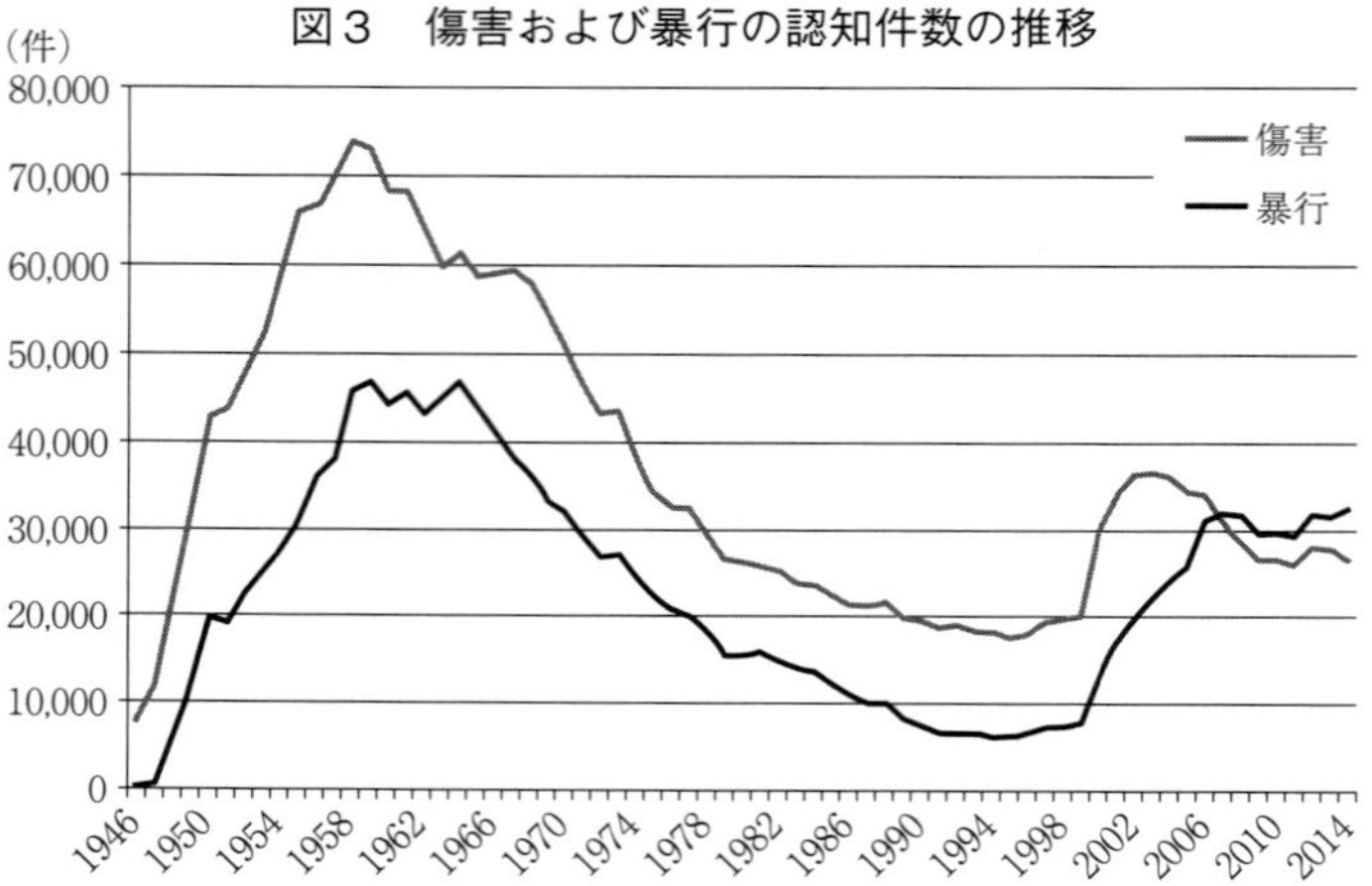

出典：法務省「犯罪白書」

ません。実際に事件が発生していても、被害者の届け出や警察の対応いかんによっては、この統計にカウントされない場合があるということです。

警察が認知していない多くの事案（暗数）があることを踏まえたうえで、具体的な数値を挙げてみます。たとえば、一九五八（昭和三三）年の暴行の認知件数は四万五七九七件、傷害の認知件数は七万三九八五件となっています。どちらもこのころから減少に転じ、その三〇年後の一九八八（昭和六三）年には、暴行が一万四件、傷害が二万一五一六件となっており、短期間で激減したことが分かります（法務省「犯罪白書」参照）。

法社会学者の河合幹雄氏（一九六〇〜）は、傷害・暴行等の認知件数の推移について次のように分析しています。

　暴行が一九四六年にわずか四一〇件であることをみれば、軽微な犯罪は、戦後のドサクサ期（第一期）には無視されていたことがわかる。凶悪犯罪が落ち着いて、さらに警察力が回復し伸びてくるにつれて、認知件数が増加したのだと解釈できる。六〇年前後にピークをつけた後の減少は、実際に犯罪実数が減少したのであろう。二〇〇〇年に突然急増したのは、思い当たるような急劇な社会変化がない以上、統計の取り方が変化した可能性が強い。（河合幹雄『安全神話崩壊のパラドックス』三七〜三九ページ）

　警察側の事情を差し引いて考えると、傷害、暴行の認知件数は、戦後昭和三〇年代前半ごろまではかなりの件数に上り、三〇年代後半からほぼ一貫して減少傾向にあると考えるのが妥当でしょう。二〇〇〇（平成一二）年に急増した点については、河合氏の指摘どおり、統計の取り方の変化によるものと言えます。そのきっかけとなったのが、一九九九年に発生した「桶川ストーカー事件」(3)です。この事件で、警察の不手際、怠慢が露呈し、世論の批判が高まりました。

　これを機に警察庁は、警察に持ち込まれるさまざまな案件に対して積極的に対応するといった方針を打ち出しました。これ以後、犯罪被害に遭った人に対して、警察への相談を呼び掛けると同時に、被害届を積極的に受理するようにもなっています（浜井浩一他『犯罪不安社会』二一～二七ページ参照）。つまり、これまで泣き寝入りしていたような案件が認知件数にカウントされるようになったということです。

さらに、犯罪統計のなかでもっとも暗数が少ないとされる殺人事件の統計を見れば、犯罪の減少傾向をより明確に見て取ることができます（**図4**参照）。こちらも、戦後の混乱期を除けば、昭和三〇年代以降ほぼ一貫して減少していることが分かります。[4] 事実、一九五五（昭和三〇）年に年間三〇〇〇人を超えていた認知件数が、一九八八（昭和六三）年以降はその半分以下にまで減少しています。傷害・暴行と同じく、殺人も短期間で激減しているのです。また、いずれも総数の統計ですので、人口の変化を考慮すれば減少傾向がさらに顕著になることは明らかでしょう。

昭和20年代後半の大阪市内の様子。このころ、大阪市内でも犯罪が多発していた
（出典：『大阪懐古』38ページ）

ここまで、花見会場に関する報道、世論調査結果の年次推移、そして各種犯罪統計を見てきま

図４　殺人事件の認知件数の推移

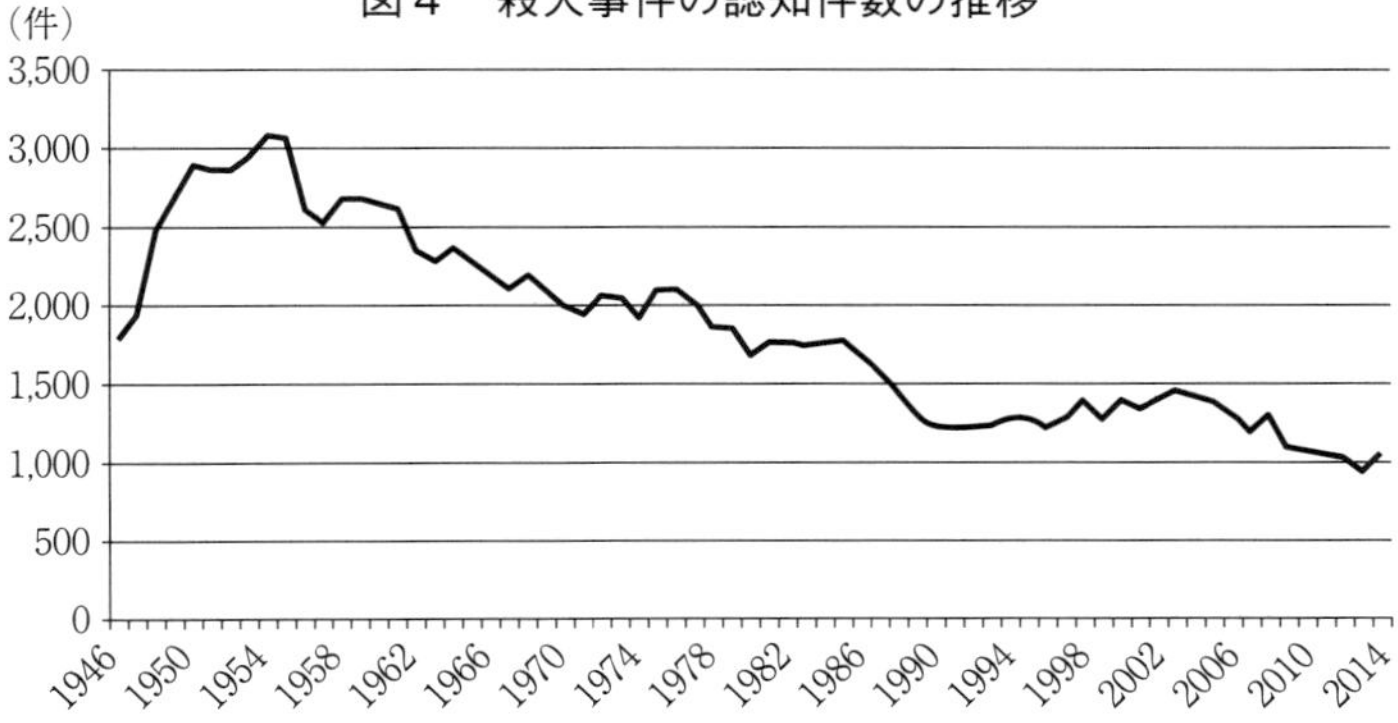

出典：法務省「犯罪白書」
※件数には未遂も含まれる

した。これらから総合的に判断すると、戦後の日本人のマナー・モラルは、戦後の混乱期を経て昭和三〇年代ごろまではきわめて悪い状態にあり、同時にこの年代に向上の兆《きざ》しが見えはじめたと言えます。向上傾向は、昭和四〇年代以降ほぼ一貫して続き、昭和の末から平成に入るころには比較的安定した状態になっていたと結論づけることができます。

（3）一九九九年一〇月、埼玉県桶川市のＪＲ桶川駅前で、女子大生が元交際相手とその兄が雇った男に殺害された事件。この事件の前、女子大生が警察署に告訴状を提出していたにもかかわらず、警察は捜査を行っていなかったことが明るみに出て大きな問題となった。

（4）日本で起きている「殺人事件」のうち、多くの割合を占めているのは、心中をはじめとする家族間の「殺人」。統計にカウントされている件数・人数が、必ずしも「凶悪犯罪」の数を意味するわけではない点は留意しておく必要がある（河合幹雄・前掲書参照）。

もちろん、個々の事例で考えると、悪化のピークや改善に転じた時期にずれが見られます。それぞれに異なる背景があるため、すべてのケースにおいてマナー・モラルが一様に変化してきたわけでないのは当然です。ただ、全般的に見れば、昭和三〇年代から四〇年代ごろを境に、日本人のマナー・モラルが向上に転じたことは間違いないと言えるでしょう。

結論としては、かなり大雑把な印象をもたれるかもしれません。しかし、転機となった時期を狭く限定して捉えられないということは、裏を返せば、その当時においても人々が向上傾向を実感するのが難しかった、と考えることができます。日本人のマナー・モラルが戦後向上してきたという事実を多くの人が認識していないことが、この結論を裏書きしているとも言えるでしょう。

第3章

何がマナー・モラルに変化をもたらしたのか

1 新生活運動の内容を探る

向上を目指す動き

前章では、日本人のマナー・モラルが昭和三〇年代から四〇年代ごろを境に高まってきたことを見てきました。まさに、経済成長と軌を一にするかのように、日本人のマナー・モラルは向上してきたと言えるわけです。とはいえ、単純に経済発展とマナー・モラルの向上をリンクさせてとらえることはできません。これは、近年急速に経済発展を遂げてきた諸外国の例を見れば明らかでしょう。

経済的な豊かさは、マナー・モラルを高めるうえで重要な要素になると考えられますが、それが社会全体のマナー・モラル向上につながっていくにはほかの要素も欠かせないのです。経済発展とマナー・モラルの関係についてはのちの章で触れますので、ここではひとまず置いておきます。

マナー・モラルの向上に必要な要素としてまず挙げられるのが教育や啓発です。実際、その重要性については多くの人が指摘するところです。マナー・モラルの基準を知らしめ、人々が共有することは、向上を目指すうえでの大前提と言えるでしょう。何がマナー・モラルに反する行為なのか、人によって基準がまったく異なる状況下で秩序を高めるのは非常に困難です。

傍若無人な行為をする人の多くは、自分のしている行為がマナー・モラルに反しているという自覚がありません。「早く席に座りたいから、列に並ばず列車に乗り込んだ」「酒が好きだから車内で宴会を開いた」「ほかの人がゴミを捨てていたから自分も捨てた」など、自覚がない人に対して、ただその行為が不適切であることを伝えたとしても状況は変わらないでしょう。マナー・モラル、あるいはルールに反していることを本人が認識できなければ、たとえその場で行為を控えたとしても、また同じことを繰り返すだけです。

もちろん、悪いと分かっていて意図的に行為に及ぶ人が少なくないことも事実です。とはいえ、ある行為が周りの人に迷惑を及ぼす、社会に害を与えるということを認識させ、マナー・モラルの遵守を促し続ける努力は、秩序を保つうえで欠かすことができません。

これまで挙げてきた事例から判断するかぎりでは、昭和二〇年代、三〇年代を生きていた人たちのなかには、そもそもマナー・モラルに関する知識が欠如《けつじょ》した人や、その遵守を習慣として身につけていなかった人が多かったと言えます。この点は、当時の為政者も大きな問題ととらえ、その改善を目指しました。

一九四八（昭和二三）年三月に第四七代首相に就任した芦田均《あしだひとし》（一八八七～一九五九）は、同月二〇日の衆議院本会議における施政方針演説で次のように述べています。

戦争の結果として文化道徳を頽廃《たいはい》させ、今なお犯罪の減少を見ないことは遺憾にたえないところであります。日本民族の血液から凶暴性を刈りとることは、一は国民生活安定の問題であり、さらにまた道義の高揚をはかる教育の問題であります。政府は最大の関心をもってこれに善処する決心であります。（国会議事録）

芦田のあとに再度首相に就任した吉田茂（一八七八～一九六七・第四五・四八～五一代首相）も、一九五〇（昭和二五）年一一月に「最近の教育の実情をみると道徳、しつけ教育が不足しているようで、今後はかかる教育がぜひとも必要であると思う」（一九五〇年一一月十五日、全国小中学校長代表招待お茶の会における

芦田均（国立国会図書館所蔵）

吉田茂（国立国会図書館所蔵）

発言、讀賣新聞・一九五〇年一一月一六日付）と力説しています。こうした発言は今日の政治家からもたびたび聞かれますが、芦田や吉田の発言は、今とは比較にならないくらい切迫した社会状況の下でされていたのです。

戦前の学校で教科とされていた「修身」は、終戦とともに幕を閉じます。以後しばらく、学校で道徳教育は行われませんでした。先の発言に見られるように、道徳教育の必要性が強く叫ばれるなか、一九五八（昭和三三）年、学習指導要領の改訂に伴い「道徳の時間」が特設されました。以後、幾度かの改訂を重ねて、道徳教育は今日に至っています。

戦後の道徳教育がどれだけ効果を上げたのかはさておき、学校教育の対象となるのは一〇代以下の少年少女です。当然ながら、すでに大人になっている人たちに学校で道徳教育を施すことはできません。そうしたなか、大人を含む国民一般に広くマナー・モラルを伝える方策として大きな役割を担ったのが「新生活運動」という国民運動でした。

運動の萌芽

新生活運動とは、生活の近代化、合理化を目的とする社会運動のことです。今日ではあまり耳にしなくなった言葉ですが、主に昭和三〇年から四〇年代にかけては、各地でこれに関連するさまざまな活動が行われていました。具体的には、冠婚葬祭の簡素化、虚礼の廃止（お中元やお歳暮、ご祝儀など形式的な儀礼をなくすこと）、門松の廃止、公衆道徳の高揚、環境美化、ハエと蚊をなくす運動、食生活・栄養の改善、台所・かまどの改善、家族計画奨励（受胎調節・堕胎防止）、家庭内の民主化、家計の改善、貯蓄の奨励、時間の励行（遅刻の禁止）、人権の尊重、公共精神の涵養《かんよう》、民主主義精神の会得など、多岐にわたっていました。

新生活運動は、これらの実施をとおして明るい社会、豊かな国民生活の実現を目指したわけです。マナー・モラルの向上に向けた取り組みは、こうした運動の一環として行われましたが、先に挙げた具体例のなかでは、「公衆道徳の高揚」「環境美化」「時間の励行」「公共精神の涵養」といったものがそれに該当します。

大井町駅前を清掃する大井鎧町婦人会の人たち（1964年）（写真提供：しながわ WEB 写真館［品川区］）

この「新生活運動」という言葉自体はすでに戦前からあり、実際に活動が行われていました。また、中国など海外でも同様の運動は行われています。ただ、戦後日本における新生活運動は、国民が自主的に運動を推進していくことが強く主張されたという点で他の運動とは異なると言えます。

上からの指導、押し付けの形でなく、国民が自ら意識を高め、右記の目標達成に向けた取り組みが行われていたのです。行政は、あくまでも活動をサポートする役割に徹するべきだと考えられていました。

戦後の新生活運動は昭和二〇年代にスタートしています。一九四七（昭和二二）年五月に発足した片山哲《かたやまてつ》（一八八七～一九七八・第四六代首相）内閣のとき、「新日本建設国民運動」という名称の運動が発足しました。国家財政も国民生活も窮乏し社会秩序が混乱するなか、国民の意識向上を図るための一大運動としてはじめられ、消費者団体、新聞社などの協力を得て各方面で展開していきました。

この当時におけるマナー・モラルの実態は、すでに紹介してきたとおりです。マナー・モラルを含め、生活全般を改善するための運動の実施は急務とされました。しかし、このころはまだ食べる物にも事欠いていた時期です。一般庶民にとって、運動は優先課題として認識されませんでした。結局、大きな成果を得ることなく、運動は次第に終息していきます。

運動の本格化

昭和三〇年代に入ると、この運動は新たな展開を見せます。一九五五（昭和三〇）年九月三〇日、当時の鳩山一郎（一八八三〜一九五九・第五二、五三、五四代首相）内閣提唱のもと「新生活運動協会」が設立されました。この前年、文部大臣から諮問を受けた社会教育審議会の答申（一九五五年三月一八日）では、次のように述べられています。

鳩山一郎（国立国会図書館所蔵）

戦後十年の歳月を経て、国民生活もしだいに安定に向い、新しい文化建設への努力もまためざましいものが見られる。

しかしながら、一歩立ち入ってわが国情の底にメスを入れるならば、経済生活の基盤は弱く、国際収支も均衡を失っており、政治的にも自立の基礎が固まったとは言い得ない。希望と進取を欠いた退廃的傾向とともに、国民生活の向上を妨げる封建的因習のなごりも、まだ随所に見受けられる。

このような状態の中で、真にみずからの生活を高め、幸福な暮しのできる家庭、社会ならびに国家を築き上げるために、地域に、また職域に、共同して生活を改善し、因習を打破し、物質的にも精神的にも豊かな生活を打ち立てようとする動きが見られる。この様な動きを大まかに新生活運動と総称する事ができよう。（大門正克編著『新生活運動と日本の戦後』二〇一二年、三五一ページ）

右記の答申をもとに、具体的に運動が展開されていくこととなります。新生活運動協会は、一九五六（昭和三一）年三月に財団法人の認可を受け、以後この協会を中心に、国や地方の関係団体とともに運動は進められていきました。

ところで、先の答申に「国民生活の向上を妨げる封建的因習のなごりも、まだ随所に見受けられる」と書かれているように、当時の日本には古くから伝わる因習が数多く残されていました。昔は当たり前のように行われていたことでも、近代社会の基準で見た場合には非合理的であると見なされる慣習が少なくなかったのです。先に見た酒にまつわる慣習もその一例と言えるでしょう。

マナー・モラルの問題には、そうした古くからの因習が絡むものが少なくありません。今日に至っても古い因習が各地に残っていることからも分かるように、これを変えようとする取り組みが決して一筋縄ではいかなかったことは容易に想像できます。

旅の新生活運動

各方面で運動が展開されるなか、マナー・モラルに関する大きな動きとして挙げられるのが「旅の新生活運動」です。その名称から分かるとおり、これは主に交通機関を利用する際のマナー・モラルの向上を目的とする運動を指します。

一九五六（昭和三一）年八月一日から七日まで、新生活運動協会と国鉄（現ＪＲ）、交通道徳協会の三者が共同で実施しました。二列乗車の励行やゴミの放置・投棄の禁止などをポスターや立て看板、アナウンスで訴えたほか、運動員として学生らを動員して、駅で乗客らにマナーの遵守を呼び掛けました。また、駅のホームの清掃を行うなど、直接乗客の目に訴える形でも運動は進められました。

こうした活動自体は以前から散発的に行われていましたが、あまり成果は上がっていなかったようです。「ひ

大井町駅のホームを清掃するボーイスカウト（1963年）
（写真提供：しながわ WEB 写真館［品川区］）

ところ交通道徳協会がくず入れとしてビニールの袋を配ったことがあるが、くずはまき散らしビニールの袋だけを頂戴《ちょうだい》してゆく旅客がほとんどだった」（産経時事・一九五六年七月三〇日付）という状態で、運動が徒労に終わったケースも少なくありません。

一九五六（昭和三一）年にスタートした旅の新生活運動は、以後毎年実施され、一九六七（昭和四二）年までに計一二回行われました。行楽客の多い夏や年末を中心に展開し、私鉄も加わって運動は広がりを見せました。

そんななか、大阪駅で修学旅行中の女子高生が、列に割り込もうとした乗客に押されて線路に転落し、死亡するという痛ましい事故が発生しました。運動がはじまった翌々年の一九五八（昭和三三）年四月一一日の出来事です。

生徒らが二列に並んでいたホームに列車が到着したところへ、あとからやって来た男性三人がまだ停止していない列車に乗り込もうとして列に割り込みました。生徒を押しのけ、徐行中の列車に男性が乗ろうとした際、最前列にいた女子高生がホームと列車の間に転落してしまったのです。女子高生は、手足を切断されて死亡しました。当時の大阪駅では、始発列車をホームに入れる際、停車時間を短縮するため、乗客が飛び乗れるようにドアを開けたまま移動させていたことも事故の原因になったようです。

この事故のあと、大阪では鉄道公安室による割り込みの取り締まりが強化されました。また、この事件は列車を利用する人たちにも衝撃を与え、二列乗車の励行《れいこう》が強く叫ばれるようになります。旅の新生活運動でもあらためて整列乗車の呼び掛けが強化され、マナーの向上が訴えられました。

昭和三〇年代は毎年のようにこの運動が行われましたが、実施駅、実施期間がかぎられていたため、効果は限定的なものだったようです。乗客を整理するために多く人員を配置しようとしても、決して多くない予算でできることには限界があります。主催する国鉄の担当者のなかにも、効果を疑問視する声がありました。

一方、ゴミのほうはどうだったのでしょう。残念ながら、列車内に残されるゴミも目に見えて減少することはありませんでした。先に交通道徳協会がビニール袋を配った事例を紹介しましたが、当時の国鉄も座席にビニール袋を設置し、ゴミをそこに入れるよう呼び掛けていました。しかし、「汚物を入れるビニール袋もちょっと小ぎれいにできているので、そのまま持って帰る人が多いそうだ。つまり汚物は客席の下に捨ててゆくわけ」（朝日新聞・一九五八年八月五日付）という状態で、効果のなさがうかがわれます。

車内で酒を飲んで、ほかの乗客に迷惑をかけるといったケースも後を絶ちませんでした。一九六一（昭和三六）年の運動期間中には、都内の国鉄の車内放送で「旅のエチケット運動期間中です。車内での飲酒は節度を守り、他人に迷惑をかけないようにしましょう」といったアナウンスが繰り返し流されました（讀賣新聞・一九六一年一二月一二日付）。当時は、列車内でも、先に見た花見会場と似たような光景が見られたということです。

ところで、こうした運動が展開されていたことについて、当時の国民はどれだけ認識していたのでしょうか。新生活運動協会は、運動の影響・効果を調べるため毎年度末に世論調査を実施していました。一九五九（昭和三四）年度の調査では、「新生活運動という言葉を聞いたことがある」という人が約七五パーセントに上ったようです（田中宣一「新生活運動と新生活運動協会」『成城文芸』一八一号、三六ページ）。運動の効果がどれだけ上がっていたのかはともかく、運動そのものに対する国民の認知度はそれなり高まっていたと言えます。

2　東京五輪に向けた取り組みを見る

目標の策定

一九五九（昭和三四）年五月、第一八回夏季オリンピックの開催地が東京に決定しました。以後、五年後の開催に向けて急ピッチで準備が進められていきます。その象徴的な出来事として、東海道新幹線や首都高速道路の建設がよく取り上げられますが、インフラ以外の面でも大きな動きがありました。それは、マナー・モラルの向上に向けた取り組みです。

二〇〇八年の北京オリンピック開催に際し、中国でマナーアップキャンペーンが行われたことは、メディアでもよく取り上げられていたのでご記憶されている方も多いでしょう。一九四〇（昭和一五）年に開催が予定されていた、いわゆる「幻の東京オリンピック」に際しても、開催地決定後に同じような運動が展開されました。そして、一九六四（昭和三九）年の東京オリンピックでも、開催が決定すると同様の取り組みがはじまりました。

昭和三〇年代ごろの日本人のマナー・モラルは、すでに紹介してきたとおりです。外国から訪れる人たちに日本の惨状を見せられないという思いは、当時、多くの日本人が共有していたものです。マナー・モラルが大きな課題と認識されていたことは、

開通した首都高速４号線、赤坂見附付近（1964年８月１日）（写真提供：東京都）

当時の文部省（現文部科学省）が掲げた方針からもうかがえます。同省は、東京オリンピックが開催される一九六四（昭和三九）年に、オリンピックを社会教育に生かすための目標として次の四点を掲げました（文部省体育局・社会教育局「オリンピックと社会教育」『文部時報』一九六四年七月、六一ページ）。

一、オリンピックの理解
二、日本人としての自覚と国際理解
三、公衆道徳の高揚
四、健康の増進

当時の文部省の社会教育官は、「公衆道徳の高揚」を掲げたことについて、「わが国の現状は、公衆道徳の面で、必ずしも満足すべき状態ではない。むしろ、その水準は諸外国に比べて低いのではないかということは、いろいろの機会に指摘されている」としたうえで、「公衆の場において人間尊重の精神を基本とし、お互いに秩序を守り互譲《ごじょう》、寛容、親切心をもって誠意ある行動をするようにつとめる。また公共施設や物を大切にする習慣を身につけ、個人の責任と社会連帯責任を果すことにつとめる」と、その方向性を述べています（大志万準治「社会教育におけるオリンピック国民運動の推進について」『社会教育』一九六四年六月、四二～四三ページ）。

美化運動の展開

オリンピックの準備がはじまるなか、新生活運動協会は東京を中心に「国土美運動」という活動を各所で展開しました。オリンピックが近づくと政府からの補助金が増額されたこともあり、国民運動の様相を帯びていきます。開催を二年後に控えた一九六二（昭和三七）年には、政府も「国土美化運動」を本格的に推進することを決め、関係省庁や自治体と連携して具体的に運動を展開していきました。

東京都内では、「東京を美しくする運動」が各新聞社などの協力を得て、新生活運動協会を中心に進められました。東京都も首都美化推進本部を設置し、街の美化推進を本格化させていきます。こうした運動は東京を中心に全国各地へ広まり、清掃活動や花壇の設置、啓発活動などさまざまな形で実施されていきました。

一九六二（昭和三七）年当時の東京の様子について、四月二八日付〈讀賣新聞〉は次のように伝えています（抜粋して掲載）。

●東京の〝顔〟といわれる銀座の裏町で、三宅委員〈都市美対策部会〉は「まあ、きたない」と悲鳴をあげた。みればこわれかけたゴミ箱からありとあらゆる種類のゴミがはみ出している。それが一つだけではない。この横町にも、あのビルのかげにもある。これは銀座だけではない。大小どの盛り場にも同じ現象がきっと目につくのがいまの東京だ。
●〝春のうららの〟と歌われた隅田川は〝墨多〟川と書きかえた方が適当なほど流れは黒くなり、町を流れる中小河川はまるで〝動くゴミ箱〟といったさま。
●人で埋まった行楽地のよごれはいうまでもなく、バス停にはたばこの吸いがらが散乱し、たった二台のロードスイーパー〔路面清掃車〕では都内の道路清掃など思いもよらない。
●原色に近いネオンが重なりあって点滅し、無届けの野立ち広告看板は容赦なく、都民の〝空間をみる自由〟を奪っている。東京には都市美の〝ト〟の字もないといっても過言でない。

広告に関しては以前から規制や取り締まりが行われていましたが、実効性に乏しく、ゴミとともに街の景観を損ねる元凶とされていました。広告やゴミ以外にも、路上での立小便や落書きなど、人々の低いマナー・モラルによって街は汚され放題の状態だったようです。

運動の中心は清掃活動と啓発活動でしたが、これらとは違った視点からの取り組みもはじまっていました。その一つが資源の再利用運動です。ゴミを捨てずに再利用すること自体は、古くから行われていました。しかし、生活が豊かになるにつれて、そうした意識が失われていったわけです。貧しさから必要に迫られて行う再利用ではなく、生活環境の向上のために行う再利用の必要性が叫ばれるようになっていきました。

東京都の新生活運動協会は、一九六〇（昭和三五）年、「ゴミをできるだけ利用し、捨てるものを少なくする」運動をはじめました。年々増加するゴミの量に処理が追いつかない状態が続く東京で、こうした再利用運動は反響も大きかったようです。

当時はまだゴミの分別回収は進んでいませんでした。このとき実施されたのは、ポリエチレンの袋に瓶、缶、牛乳瓶のふた、布など、資源になりそうなものを詰めて廃品回収業者に売るという方法です。まだ手探りだった印象は拭えませんが、人々のゴミに対する意識に少なからず変化をもたらしたことは確かでしょう。

これまでに紹介した「旅の新生活運動」と「国土美運動」は、当時の新生活運動における重要課題でした。この二つの課題を同時に改善しようと

大八車を使ったごみ収集作業の様子（1960年）（写真提供：東京都）

したことは、一九六三（昭和三八）年六月に新生活運動協会が打ち出した「紙くずと行列破り追放」というスローガンからもうかがえます。「日本の汚点である道路、公園、乗り物、停車場、映画館などにおける不潔と無秩序の習慣をオリンピックまでになおす」（朝日新聞・一九六三年六月二七日付）ことを目指し、この年の七月からスローガンに基づく運動が本格的に展開されました。

協会は、全国四六都道府県新生活運動協議会に「国土美推進委員会」を設置し、一五二地区を「国土美モデル地区」に指定して、紙くずと行列破りの一掃を図りました。運動が行われたのは東京をはじめとする主要観光地が中心でしたが、東京だけでなく全国を対象にした点は注目しておきたいところです。

1962年11月３日に行われた首都美化パレード（写真提供：東京都）

観戦マナーの向上

東京オリンピックの開催に際しては、右記以外でもマナー・モラルを高めようという声が上がっていました。なかでも注目されていたのが観戦マナーです。

当時の日本人は、スポーツ観戦におけるマナー・モラルも非常に低い状態にありました。たとえば、一九五六（昭和三一）年に東京で開催された第二三回世界卓球選手権では、日本人の観客のマナーの悪さが顰蹙《ひんしゅく》の的になっています。「相手国選手の美技に拍手を送らないのはもとより、相手側の失策をいざなうような騒ぎをして、外国選手自身から静粛を要望するように制せられたりしたことが再三であった」（讀賣新聞・一九五六年四月一一日付）という状態でした。

卓球選手で、のちに国際卓球連盟会長を務める荻村伊智朗《おぎむらいちろう》（一九三二〜一九九四）は、世界各国で実際に観衆の声援に接してきた経験をふまえ、日本の応援態度は立派な部類に入ると前置きしたうえで次のように述べています。

日本ではプロスポーツとアマスポーツの見方が混同されているから、そこからでてくる応援の仕方も混同されてくるのではないだろうか。だから何にでも無意味に拍手する人、ミスをとりたてて弥次《やじ》る人、また特定の選手やチームにしか拍手しない人が出てくる、そのくせファインプレーの時には無表情であったりする。また群集心理から空ビンや空カンを投げた

り、暴力沙汰を引きおこしたり、集団の中のルールを守らない例は過去にみられる。（笹島正一「国による作法の違いとモラル―外国人と接する法―」『社会教育』一九六四年六月、二二ページ）

このころは、国内のスポーツ大会で競技場に空き瓶や空き缶を投げ込んだり、暴力事件を起こしたりする観客は珍しくありませんでした。プロ野球の試合で、グラウンドに投げ込まれた空き瓶で選手がケガをするという事件も起きています。こうした観る側のマナーアップも大きな課題とされていました。

運動の成果

街の美化、行列破りの追放、観客のマナーアップといった新生活運動協会などを中心に実施された一連の取り組みは、数年がかりで広く展開されていきました。その結果、日本人のマナー・モラルは向上したのでしょうか。オリンピック開催を三か月後に控えた一九六四（昭和三九）年七月初旬、〈讀賣新聞〉は東京の街の様子について次のように伝えています。

― 東京駅丸の内北口待合室―。ここでは十一の長イスに七十人ばかりすわっていたが、散らかっているゴミは、たばこの吸いガラ四つ、マッチ棒十二本。これだけの広さのところで、ゴミの数をかぞえられるのは大した〝美しさ〟だ。

ところが、待合室の奥にあるコーヒー・ショップをみてがっかり。スタンドの下は吸いガラだらけだった。客の足もとは、店の人からみえない盲点。人にみられていれば捨てないのに、わからないとなると平気でよごす人たちがいるのだろうか。

ところで最近は、たしかに道路にゴミを捨てる人がへってきたが、どうやらこれは、道路がきれいになったからのようだ。

東京都ではさる三十六年から、道路に水をまき、タワシでこすりながらゴミをはきとるロード・スイーパー（道路そうじ車）を使いはじめ、現在八台、間もなく十台になる。この新鋭機は、八時間労働として、幅二十メートルの道路を毎日十二キロ、ホコリひとつ立たぬよう、みがきたててくれる。

実施しているのは都心など、ほんの一部の道路だが、都内で道路やあき地に捨てられるゴミは、二年前にくらべ約二十分の一に減ってきた。公衆ゴミ容器の普及もあって、たしかに東京は、きれいになりつつある。

施設がきれいになれば、利用者もよごすまいと努力する。たとえば、国電新宿駅では、東口だけで一日三・五立方メートルあったゴミが、新築後は二立方メートルとほぼ半分に減った。
皇居前広場で、マツの木に登る人はなくなったし、小、中学生の修学旅行では、全員ビニールのゴミ入れ袋を持ってゆく。クラスで二、三人はホウキとチリ取りを持ち歩き、旅行が終わったあとの車内には、チリひとつ残っていないという。メーデーのゴミはあいかわらずだが、国体も一昨年の秋田大会からきれいになりはじめ、昨年十一月二日に東京の国立競技場で行なわれたオリンピック前年祭では、紙クズひとつ残さないほどみごとだった。〈讀賣新聞・一九六四年七月二日付〉

この記事を読むかぎりでは、全般的に都内はきれいになったことがうかがえます。ただ、「人にみられていれば捨てないのに、わからないとなると平気でよごす人たちがいるのだろうか」「どうやらこれは、道路がきれいになったからのようだ」といったコメントが加えられているように、必ずしも人々の意識が高まったというわけではなく、周りの視線や行き届いた清掃によってゴミが捨てにくい状況が生まれたという背景も考慮する必要がありそうです。

では、実際にオリンピックが行われた競技会場はどうだったのでしょう。オリンピック閉会後の一九六四（昭和三九）年一〇月二六日付〈朝日新聞〉によると、国立競技場管理課に観客のエチケットを尋ねたところ、「まずまずでしょうナ」という答えが返ってきたということです。とはいえ、大量のゴミが残されていた事実に関しては渋い表情だったようです。

一三日にわたる開催期間で、国立競技場に残されたゴミは約三二〇トンだったとされています。それに、代々木総合体育館の本館と別館、秩父宮ラグビー場を合わせた四施設を合わせると、約五〇〇トンに上りました。競技のない日を除くと、一日の平均は五〇トンとなります。同紙は、続けて次のように報じています。

> 場内掃除の手間がはぶけるよう、入場のさい観客に配られたゴミ入れ用のビニール製エチケット袋が、大量にゴミの山に捨てられていたのは皮肉。
> 下平国立競技場管理係長の話では、小、中、高校生の団体客は教育が行届いていて、まず満点に近く、外人観客もまずまず。残念ながら、日本人の一般観客が最もお行儀が悪く、エチケットの点ではメダルはおぼつかないとのこと。

オリンピック開催に向けた一連の運動には一定の効果があったと言えますが、劇的な改善とまではいきませんでした。小、中、高校生は「満点に近く」と記されているように、子どもは教育・啓発による効果が現れやすいのでしょう。一方の大人については、成果を上げるのが難しかったようです。

人は、年齢が上がるほどこれまでの習慣をあらためるのが難しくなります。その意味では、右記のような結果となったのは当然と言えるかもしれません。

では、ゴミ以外の問題、つまり観戦のマナー・モラルはではどうだったのでしょうか。この点に関しては、とくに問題視されるような光景は見られなかったようです。現場で取材していた〈讀賣新聞〉の記者は、次のように感想を記しています。

観衆のマナーを心配する向きが多かったが、どこの会場でもスタンドのお行儀は優秀である。あんまりおとなしすぎて、これでもスポーツを見に来ているのかと疑いたくなるくらいだ。どこの国の選手にもまんべんなく拍手を送る。しかつめらしい顔〔まじめくさった顔〕で双眼鏡をのぞいたり、カメラを構えた

東京オリンピックの開会式（1964年10月10日）（写真提供：東京都）

り、上等の音楽会の聴衆のように、実に模範的な日本人観衆である。これが野球などでは結構狂喜乱舞する同じ国民とは思えないが、やはりオリンピックというのでよそ行きの気持ちになっているのだろうか。（讀賣新聞・一九六四年一〇月一四日付）

先に挙げた世界卓球選手権のような事例もなく、日本人の観客は全般的に行儀がよかったようです。もちろん、競技によって差があり、盛大な拍手や声援で盛り上がる会場もありました。これが運動の成果なのかどうかはともかく、日本人の観戦マナーが東京オリンピックを機に少なからず変化を見せたことだけは確かでしょう。

新生活運動は、東京オリンピックの閉幕とともに一つの区切りを迎えます。新生活運動協会は、オリンピック後の運動推進方針について、「現在全国的に展開しつつある国土を美しくする運動は、当初の予定どおり昭和三九年度をもって終了するが、オリンピック開催を機会に盛り上った全国的気運を冷却することなく、引き続き一層その範囲を拡大して、社会環境の浄化運動として発展を期する」（大門正克、前掲書、三六九ページ）としています。

新生活運動は、以後もマナー・モラルの向上を含む多岐にわたる活動を展開していきます。協会は、一九八二年に名称を「あしたの日本を創る協会」にあらため、今日に至るまでさまざまな取り組みを行っています。

向上の背景

ここまで、新生活運動を中心にマナー・モラルの向上を目指す活動が展開されてきたことについて、東京オリンピックまでの推移を見てきました。第2章で見たとおり、日本人のマナー・モラルは昭和三〇年代から四〇年代のかけての時期に好転の動きがあり、やがて高い位置で安定するに至ります。こうした成果が得られたのは、新生活運動をはじめとする国民全体の努力に負うところが大きいと言えるでしょう。幅広く展開された活動により、人々の意識にマナー・モラルを守ることの重要性が少しずつ刷り込まれていったわけです。

また、時期的な面から判断するかぎりでは、戦後教育を受けた世代が社会で大きな割合を占めるようになっていく過程と、日本人のマナー・モラルが向上していく過程に一致を見ることもできます。昭和三〇年代後半あたりから、いわゆる団塊の世代(1)が社会に出はじめます。これ以後、戦後世代が社会人のなかで多くの割合を占めるようになっていきます。彼らは、戦前の「修身教育」は受けていません。つまり、戦後教育で育った世代のほうが高いマナー・モラルを身に付けていたとも言えるわけです。

こうして見ていくと、国民に対する啓発・教育によって日本人のマナー・モラルは向上した、

(1)　一九四七～一九四九年に生まれた世代のこと。

と結論づけることもできそうです。しかし、実態はそれほど単純ではありません。前述したとおり、国民に対する啓発活動は、戦後の新生活運動ほどの広がりはなかったものの、戦前にも行われていました。同時に、学校では「修身」が教科とされ、道徳教育に力が入れられていたことは周知のとおりです。にもかかわらず、これらが日本人のマナー・モラルを大きく改善させることはありませんでした。

　また、マナー・モラルに関する教育・啓発、あるいは実践的な運動は海外でも行われています。しかし、日本のようにわずか二〇年程度で、外国人の評価が一転するほどの成果を得られたケースはほかにありません。戦後の日本では、なぜこの試みがうまくいったのでしょうか。活動をより実効的なものとする、なんらかの要因があったのでしょうか。

道路脇の空き地に立てられた、ゴミのポイ捨てを注意する看板（1972年）（写真提供：東京都環境局）

　そしてもう一点、花見の事例で見たように、桜の枝を折ったり、酔って暴力を振るったりする人が急劇に減った一方で、ゴミの放置という問題はなかなか解決せず、以後も課題として残されています。これはなぜでしょうか。

これらの疑問を解くため、次節ではまず犯罪学における考え方を基点に、マナー・モラルについてさらに考察していきます。

3 「原因論」と「機会論」で考える

犯罪学からのアプローチ

言うまでもなく、マナー・モラルに反することが、必ずしも犯罪を意味するわけではありません。ただ、その行為に至る原因・過程には共通する要素を見いだすことができます。そこで、本節では犯罪学における考え方を援用しながら、マナー・モラルに反する行為がなされる要因を探っていきます。そのうえで、第4章にかけて日本人のメンタリティーにも迫りながら、マナー・モラルが向上に至った背景を見いだしていきます。

犯罪学には、犯罪防止に向けたアプローチとして「犯罪原因論」と「犯罪機会論」という二つの方法論があります。まず、犯罪原因論（以下「原因論」）とは、犯罪者が犯行に及んだ原因を探り、それを除去することによって犯罪を防ぐことができるとする考え方です。これは犯罪に対する伝統的な考え方で、日本では主にこの方法論によって対策が検討されてきました。これに基づくと、犯罪の原因は、遺伝子やホルモンといった生物学的原因、罪を犯した人の人格や境遇といった心理学的原因、そして貧困や人間関係といった社会学的原因などに求められます。

一方の犯罪機会論（以下「機会論」）は、犯罪の起きた環境（場所）に注目し、犯罪の発生する機会を除去することによってこれを防ごうとする考え方です。原因論では犯罪者と非犯罪者が区別して考えられますが、機会論では犯罪者と非犯罪者は明確に区分されません。犯罪を起こす人ではなく、犯罪を誘発する環境が重視されるのです。日本では、犯罪社会学者の小宮信夫氏らがこの方法論に基づく犯罪対策を広く提唱しています（小宮信夫『犯罪は「この場所」で起こる』二〇〇五年、参照）。

これらの方法論は、犯罪とまでは言えない、日常的なマナー・モラルに反する行為を抑制する取り組みについても当てはめることができます。その例として、先に紹介した新生活運動を見てみましょう。

この運動の一環として実施された「公衆道徳の高揚」や「環境美化」を目的とする取り組みは、具体的にはポスター・チラシなどを使った啓発活動、駅や街頭での清掃活動などがその柱となっていました。啓発活動では、直接人々の心に訴えることで、無知・無関心というマナー・モラルに反する行為に及ぶ原因の除去を目指しました。

清掃活動についても、実践をとおして公共の場を美しく保つことの大切さを訴える機会とされました。それまでの日本人は、ウチ（内）に対する美化や礼儀は重視する一方で、ソト（外）に対してはそうした意識を欠いていました。清掃活動への参加を促すことで、ソトである公の場を美化することを意識づけし、ウチとソトを悪い意味で区別する習慣の除去が企図されたということです。

これらの意味において、新生活運動は基本的に原因論に基づく活動であったと言えるでしょう。公衆道徳の高揚や環境美化以外の活動についても、同様であったと思われます。つまり、世の中をよくするには、まず人々の意識・心を変えていくことが大切だと考えられていたわけです。と同時に、美化を進めることでゴミを捨てにくい状況、汚しにくい環境が生まれます。その意味においては、機会論のアプローチも含まれていたと考えることができます。

テレビやラジオの影響

原因論からのアプローチとしては、新生活運動以外にも、マナー・モラルに反する人を生み出す原因となる物事を見いだし、それを改善・除去しようとする動きがありました。

昭和三〇年代ごろの日本社会を見た場合、原因になりうるものとしてもっとも槍玉《やりだま》に挙げられていたのがテレビです。一九五三（昭和二八）年にテレビの本放送がはじまり、以後急速に受像機が普及するなかで、その影響に対する懸念の声も急激に高まっていきました。

評論家の大宅壮一《おおやそういち》が語った「一億総白痴化」という言葉に代表されるように、テレビが青少年に悪影響を及ぼすという議論が増えていきます。低俗な番組による影響だけでなく、長時間テレビに釘付けになることで成長・発達が阻害されるといった意見など、さまざまな指摘がなされました。もっとも、こうした意見は今日もなお耳にするところで、当時にかぎった話ではありません。

では、テレビが普及する前はどうだったのでしょう。昭和二〇年代、戦後の混乱期を過ぎると、マンガや映画が子どもらに悪影響を与えるという意見が増えてきました。これらについても、テレビと同様、今日でも影響を懸念する声は聞かれます。

当時は、これらと同時にラジオにも批判の矛先が

街頭テレビに群がる人々。昭和20年代当時、テレビはまだ高価な商品で、一般庶民には高嶺の花だった（1954年）（写真提供：郵政博物館）

向けられていました。昭和二〇年代後半から三〇年代初頭には、ラジオが子どもたちに与える影響について懸念の声が少なからずあったのです。ラジオの存在感の低下が叫ばれる昨今では考えられないことですが、当時は、その悪影響の分析と対策について真剣に議論がなされていました。その一例を見てみましょう。

一九五五（昭和三〇）年一〇月一六日付〈朝日新聞〉では、ラジオで放送される連続ドラマが子どもの心を傷つけているのではないか、というテーマで行われた議論が紹介されています。そのきっかけとなったのが次の投書です。

> 十月から民放の番組が変って子供向け番組も内容は少し改められたが、相変らず冒険、活劇ものが多い。このことが子供の心を殺伐《さつばつ》なものにし、人命を軽視させる一因となっているのではないだろうか。企画者たちも子供向けの連続劇は冒険、活劇でなくてはならないと考えているのなら能のない話である。殺伐な事件の多い現在こそ美しい物語を望む。

第2章で取り上げたように、昭和三〇年代は少年による凶悪犯罪が多発していました。投書の主は、その原因の一つをラジオに求めているわけです。まさに、当時の風潮を反映した意見と言えるでしょう。

この指摘に対する製作側の意見は次のようなものです。

「殺伐」や「残酷」という声に対しては、「たとえば処刑にしても一番重いので島流しといった具合に、殺したりするところは一つもない」あるいは「剣劇はどうだといわれるが、時代的な背景で当然のことであり、それでもなるべく〝切らずにミネ打ち〟程度にしている」などと反論しています。また、台詞についても、「たとえば杉作少年〔劇中の登場人物〕が、早く大きくなって刀をさしたいというのに対して、オヤジさんはお前たちが大きくなったら、刀をささなくていい時代にするために働いているんだといったように、脚色者にも細かい神経をつかってもらっている」と述べています。(2)

こうした反論からも、当時の番組制作者がいかに慎重に内容を検討していたかが分かります。ただ、子どもを守る会副会長を務めていたある評論家は、「毎回チャンバラが出てくるが、声だけを武器とする放送では、誇張、刺激、絶叫的になりやすく、残酷な印象を受ける。娯楽性と残酷性が結びついているところに問題がある」と、そもそもこうした番組を放送することに否定的な見解を示しています。

当時はまだメディアのコンテンツが少なく、大人たちが一つ一つの番組に気を遣うことができました。昨今のように、大量のコンテンツが氾濫している状況から考えると、このような議論はのどかなものにさえ思えてきます。

今日、テレビやパソコン、スマートフォンをとおして、子どもでも残虐な映像を簡単に見ることができます。そんな現在に比べて昭和三〇年代は、「有害」なコンテンツに子どもが接する機会は圧倒的に少なかったと言えます。それでも、今日のほうが少年による凶悪犯罪が明らかに少ないという事実を見るかぎり、メディアコンテンツと犯罪の因果関係には当然のごとく疑問符が付けられます。

また、ラジオについては、番組で流されるさまざまな流行語が子どもに影響を与えているということも懸念されていました。さらに、番組の内容だけでなく、ラジオを長時間にわたってかけ続けることも問題視されていました。一九五五（昭和三〇）年六月二六日付〈朝日新聞〉は、次のような専門家の意見を紹介しています。

ラジオの場合は絵本をみたり、本を読むのと違って、どこまでも受身です。本を読む場合のように苦労したり考えたりしないですみます。一番恐れるのはそうしたことから人間として大切な想像的活動がマヒして、心で考える力を弱くする危険があることです。

子供をデパートや映画につれまわると、初めのうちは面白がるが、その子供は出あるくこ

（２）刀の背面の「峰」で相手を打つこと。

との好きな落ちつきのない子供になったり、外部の強い刺激のために神経質な子供になったりします。ラジオをかけっぱなしにしておくと、これと同じような結果が生じるでしょう。白紙の新鮮な子供の感受性をマヒさせるようなことは避けねばなりません。

当時、悪影響が危惧されていた子どもたちがその後どうなったのか。以後の犯罪減少、そしてマナー・モラルの向上という変化を見るかぎりでは、懸念は杞憂にすぎなかったと言えるでしょう。

いつの時代も、影響力を増すメディアに矛先が向けられるという風潮は変わらないようです。メディアが、さまざまな因果関係によってマナー・モラルの問題を引き起こす可能性を高めると判断されるのです。こうした人の心に悪影響をもたらす「犯人捜し」は昔から行われていたのです。

今日でも、たとえば携帯電話やスマートフォン、インターネットの普及が、とくに若い世代に悪影響を与えているとする意見が見られます。この考えに基づき、子どもに対して所持や閲覧を規制する動きもあります。メディアの影響を含む、こうした原因論に基づく考え方は、今なお日本においては主流を占めていると言えます。

企業の不祥事が発覚すると「モラルの高揚」が叫ばれ、学校でイジメや自殺などの事件が起きると、「心の教育の充実」が訴えられます。問題を起こす土壌となった環境・システムよりも、問題にかかわった人の心に目が向けられがちなのです。ただ、実際のところ、「モラルの高揚」にせよ「心の教育の充実」にせよ、どれだけ効果が上がっているのか分からないまま模索が続けられているのが現状だと言えるでしょう。

4　「原因論」の限界を知る

学校における道徳教育

原因論からマナー・モラルの問題を考えるに際しては、学校教育もその大きな要素として挙げられます。先に触れたように、今日の学校教育の現場では、事あるごとに「心の教育の充実」が叫ばれています。ただ、これは必ずしも今日にかぎって見られる現象ではありません。

道徳教育を強化すべきという意見は昔から繰り返し訴えられてきました。日本では、庶民の道徳水準を高めるために、明治以降、学校で道徳教育に力が入れられてきたことは周知のとおりです。一八七九年（明治一二）年に「修身科」が必修科目とされ、それ以後一九四五（昭和二〇）年までこれが続けられました。戦後になると、一九五八（昭和三三）年に「道徳の時間」が特設され、現在に至るまで教科ではない形で実施されています。

戦後の道徳教育については、マナー・モラルの向上に十分な役割を果たしてこなかったとする見解が多く出されています。しかし戦後、日本人のマナー・モラルに関して前章で見たような変化があったことを考えると、道徳教育も一定の役割を果たしてきたと考えるのが妥当と言えるでしょう。とはいえ、教育によってマナー・モラルに反する行動をしない青少年が育成されたということではありません。最低限のルールやマナー、世の中で正しいとされていること、正しくないとされていることを知識として身に付けさせたという意味においてです。

同じ意味において、戦前の「修身」も一定の役割を果たしてきたと言えます。「修身」は、イコール国家主義・軍国主義と判断され、戦後は教育の場から排除されましたが、必ずしもその内容すべてが否定されるものではありません。軍国主義につながったと考えられる部分がある一方で、マナー・モラルの向上につながる記述もたくさん含まれています。両者が相まった内容が多いのは事実ですが、それぞれを切り離してとらえることも大切でしょう。

戦前の教育者である西山哲治《にしやまてつじ》（一八八三〜一九三九）は、一九一三（大正二）年に出版した『悪教育之研究』のなかで、当時の学校における修身教育について次のように述べています。

〜 教師は修身の時間に於《おい》て教育勅語の『朋友相信《ほうゆう》じ』に就《つい》て教科書により最巧妙に教授して

居る。教室では子供等は成程《なるほど》朋友相信じなくてはならぬものと首肯《しゅこう》させて居るかの様である。しかし一たび十五分間休憩の鐘が鳴り渡ると子供等は先を争って運動場へ急ぐ。忽《たちま》ちのうちに彼方《かなた》、此方《こなた》で大小の喧嘩が演ぜられる。すなわち今、修身で学んだ朋友相信じと正反対な行為である喧嘩《けんか》が数分間を出ずしてこの運動場で行われて居るのである。（前掲書、五七ページ）

教師の指導力不足と見ることもできますが、むしろこれが本来の子どもの姿と考えるのが適当でしょう。学校で教えた道徳がなかなか実践に結び付かないことは戦前から課題とされており、教育関係者を悩ませていました。「修身」の授業は、道徳に関する知識の詰め込み、愛国心などの価値観の植え付けには一定の役割を果たしたかもしれませんが、必ずしも実践的な道徳心の養成という成果を得られたわけではありません。

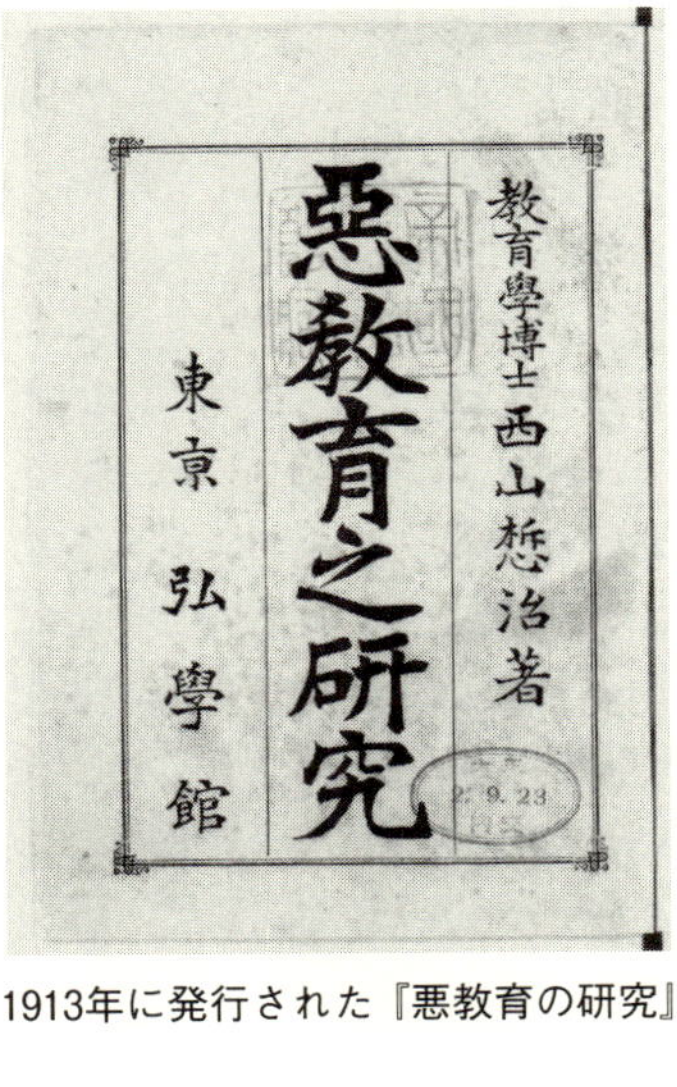

1913年に発行された『悪教育の研究』

先の学校で教師の話を聞いていた子どもらは、

「友達とは互いに信じあうべき」という「世の中の常識」があることは頭の片隅に記憶として残っていると思われます。しかし、それを実践するか否かは、子どもがどんな社会で生きていくか、そして社会のさまざまな場面で本人がどう判断するかにかかっています。

道路にゴミを捨ててはいけないことを教育の場で教えることはできますが、教えられた生徒が実際に道路にゴミを捨てる否かについては、教育は直接関与できません。当然のことですが、人がどう行動するかは、社会環境やそのときの状況に左右されます。ゴミを捨てようとしている人に対して「ゴミを捨てるな」と注意し、その人がそれに従ったとしても効果は一時的なものでしょう。ただ注意をしただけで、人の行動が根本的に変わることはありません。

教育の力で人の行動を制御しようとすれば、それはもはや「教育」ではなく「洗脳」となります。マナー・モラルの向上という点にかぎって言えば、道徳教育にできるのは、世の中にどんなルールやマナーがあるのか、それに反した場合にどんなことが起きるのかを伝えることと、世の中において何が正しく、何が正しくないかを考えさせることまででしょう。それ以上のことを道徳教育に求めるべきではありません。

社会環境・システムの整備をおざなりにしたままでは、いくら教育に力を入れてもマナー・モラルの向上は望めません。盛んに叫ばれている「心の教育」には限界があるということを認識しておくべきでしょう。

ゴミの不法投棄

原因論からのアプローチについて考える具体例として、次は昔の日本におけるゴミ問題を見てみます。かつてはゴミを川に捨てるという行為が日常的になされていました。川の側を通りがかった人が、空き缶やタバコの吸殻を投げ捨てるといったレベルではありません。家庭から出たゴミを桶《おけ》に入れ、それを運んで川の中に投入するのです。今日ではあまり見られない行動ですが、かつてこうした所業はとくに珍しいものではありませんでした。

現在の日本で川にゴミを捨てるという行為は明らかにマナー・モラルに反しており、法律でも厳しく罰せられます。もちろん、昔もそうした行為が公認されていたというわけではありません。とくに都市部では、川へのゴミの投入は古くから禁止されていました。にもかかわらず、この禁を破る人が後を絶たなかったのです。

日本では、近代化の過程で都市が発達するにつれ、ゴミを回収するシステムも徐々に整えられていきました。しかし、

発泡スチロールや木片が大量に浮かぶ河口付近の様子（1970年）（写真提供：東京都環境局）

急激な人口増加に対して整備が追いつかず、同時に財政的な問題もあってシステムは十分機能していませんでした。

昭和三〇年代の中ごろまでは、東京都内でも、今日行われているような場所と日時を決めた回収はなされていませんでした。作業員が大八車を引きながらチリンチリンと鐘を鳴らし、各戸を回ってゴミを集めるというスタイルが一般的だったのです（一一六ページの写真参照）。そのため、鐘の音を聞き逃して、ゴミを出し損ねるというケースも起きていました。ゴミの回収が一〇日に一度、月に一度しかなされず、市民が苦情を訴えるという事例も珍しくありませんでした。

また、かつては町で回収したゴミや屎尿《しにょう》を船で沖合へ運び、海中に投棄するという処理方法も実施されていました。地球環境・生態系に対する認識がまだ乏しかった時代において、海にゴミを捨てることは今日ほど問題視されていなかったのです。こうした処理方法は、戦後になってからも続けられていました。行政は、海にゴミを捨てる一方で、川にゴミを捨てる人を取り締まっていたわけです。街の景観や悪臭の問題を解決するという意味では取り締まる必要があったのでしょうが、説得力に欠けることは明白です。

かつての社会状況を考慮した場合、ゴミの不法投棄を、捨てる側の問題としてとらえることには明らかに無理があります。川へゴミを捨てていた昔の人たちを指して、一概に「昔の人はマナー・モラルが低かった」と断言することはできません。この問題を、単純に人の心の問題、つまり原因論でとらえることはできないのです。ゴミの回収・処理システムを見直すことがまず先決であった、ということです。

ゴミを川へ捨てるのをやめさせたいのなら、ただ「ゴミを捨てるな」と訴えるだけではなく、ゴミを投棄しなくてもよいシステムを構築すること、あるいはゴミを投棄しないほうがメリットを得られるような仕組みを考えていく必要があります。ゴミの不法投棄をさせないための機会を創出するという、機会論からのアプローチが重要なのです。

犬の糞放置問題

ゴミ問題と関連して、犬の糞の放置という問題について掘り下げてみます。この問題は、マナー・モラル向上の背景を探るうえで非常に重要な示唆を与えてくれる事例でもあります。

今日、公園や路上で「犬の糞を放置しないでください」あるいは「犬の糞は持ち帰りましょう」といった看板を目にすることがあります。そうした看板に効果があるかどうかはともかく、最近は犬を散歩させる際に袋やスコップなど、糞を持ち帰るための道具を持参することは常識とされています。場所によっては糞の放置が大きな問題として扱われているケースもありますが、全国的に見ると、昔に比べて放置されている糞が少なくなったことは確かでしょう。

日本では、ほんの数十年前まで、道端に当たり前のように多くの糞が放置されていました。もちろん、糞を放置することが奨励されていたわけではありませんし、これを迷惑に感じている人もいました。そんななかで、糞の放置を問題視し、実際に改善を促す声を上げる人が出てきました。たとえば、秋田犬保存会（秋田県大館市）は、昭和四〇年代の時点で、すでに処理袋の携帯を愛犬家に呼び掛けています。しかし、当時はこうした動きは一部にとどまっており、糞の持ち帰りが常識とされるまでには至りませんでした。

この問題の背景について、まず日本人と糞尿《ふんにょう》・屎尿《しにょう》とのかかわりについて、歴史的な経過を見ていきます。

江戸時代の日本では、屎尿の大半は農地で処理されていました。つまり、畑などで肥料にされていたわけです。そのため、住居は貯糞式の便所が主流でした。屎尿は金銭で売買され、都市住民にとっては貴重な収入源にもなっていました。明治に入ってもこうした処理方法が続けられたため、便所の水洗化、下水道の普及を目指す動きは非常に遅々としていました。近代以降、欧米先進国が下水道の建設を進めて公衆衛生の向上を図る一方で、日本の屎尿処理は前近代的なシステムを維持していたということです。こうした状況は大正の中ごろまで続きました。

第一次世界大戦以後、化学肥料の普及などにより、農地における屎尿の利用が減少していきました。屎尿は、次第に厄介者扱いされるようになります。都市住民は、これまで買い取ってもらっていた屎尿に対して、逆にお金を払って処理を依頼するようになったわけです。

行政も、ようやく都市の屎尿処理システム整備に本腰を入れはじめました。昭和に入ると、海洋投棄が立案され、実施されるようになります。しかし、第二次世界大戦の影響で、システム整備は十分な進展を果たせないまま頓挫してしまいました。本格的な整備は戦後を待つことになります。

戦後、昭和二〇年代当時は、物資不足から再び農地での屎尿の需要が急増しました。戦時中から昭和二〇年代末ごろまでは、東京で集められた屎尿が貨物列車で郊外へ運ばれ、農地還元するという処理方法も行われていました。ただ、時代の流れとともに農地での需要が再び減少するに伴い、新たな処理方法の必要性が高まっていきます。そして、高度経済成長の後を追うようにして、ようやく屎尿処理システムの整備が本格的に進められていくこととなります。

昭和三〇年代半ば、東京の兜町[3]のトイレに書かれていた落書きの一つに次のようなものがあったそうです。

「所得倍増・排泄倍増!!」（柴田徳衛『日本の清掃問題』一九六一年、一一一ページ）

所得が増え、食生活が豊かになり、出すものの量も増えるという意味でしょうか。書き主の真意は分かりませんが、この時代を的確に表した言葉であるとも言えます。一九六〇年に池田勇人

（3）東京証券取引所や証券会社などが集まる金融街。

（一八九九～一九六五・第五八・五九・六〇代首相）内閣で打ち出された「所得倍増計画」のもと、日本は飛躍的な経済成長を遂げていきました。経済発展と同時に、東京をはじめとする大都市への人口流入も加速していきました。もちろん、排泄物の量も増加します。しかし、人口増加に対してインフラの整備はなかなか追いつきません。昭和三〇年代当時、まだ日本の便所の大半は汲み取り式でした。東京二三区でも、三〇年代半ばの時点で半数以上の家庭が汲み取り式だったのです。

屎尿《しにょう》を汲み取る方法として、昭和三〇年代からバキュームカーが普及しはじめましたが、それまではもちろん手作業でした。柄杓《ひしゃく》を使って便所から汲み上げていたのです。屎尿を蓄えた桶を天秤棒《てんびんぼう》(4)で担いだ人が家のなかを歩いていく光景も珍しくありませんでした。

都内で汲み取られた屎尿は、半量近くが海洋投棄によって処理され、残りは農地や浄化槽あるいは下水に送られていました。全国的に見ると、まだ七割以上が農村で処理されていたようです（昭和三三年）。

屎尿を畑の肥料として使うに際して、肥溜《こえだ》めが使われていたことはよく知られています。大き

池田勇人（国立国会図書館所蔵）

な壺《つぼ》を土に埋めて、そこに屎尿を入れて発酵させていたのです。単に肥料を溜めるだけでなく、発酵により肥料に適した状態にすると同時に、その熱で寄生虫を殺すことができました。一方、肥溜めを使わず、汲み取った生屎尿をそのまま畑に撒くというケースも決して少なくありませんでした。

列車内のトイレはどうなっていたのでしょうか。当時、列車内で出された屎尿は排泄管をとおしてそのまま車外へ排出されていました。その際、排出された汚物が一か所に溜まるのを避けるため、走行中に線路上に飛散させる必要がありました。それゆえ、停車中にトイレを使用することはできなかったのです。

（4）　両端にモノをぶら下げ、肩に担いで運ぶための棒。

天秤棒を使って肥樽を担いで運ぶ女性（写真提供：南あわじ市）

しかし、飛散させれば、当然汚物は線路外にも広がります。とくに、夜行列車が朝方に多く通過する路線近くでは、黄色い汚物が壁やガラス、洗濯物などに付着し、沿線住民を悩ませていました。こうした「黄害《おうがい》」をまき散らす車両は徐々に減っていきましたが、一部地域では平成に入ってからも運行されていました。

糞の放置が減った背景

前置きが長くなりました。つまり、昭和三〇年代ごろまでは、屎尿《しにょう》が人々の身近な所に存在していたということです。臭いはもちろん、直接汚物を目にすることも日常茶飯事でした。日本を訪れた外国人が、こうした日本人の屎尿に対する感覚に戸惑うことも少なくなかったようです。加えて、当時は町中での立小便がごく普通に行われていました。東京都内のある団地では、観光バスがトイレ休憩場所として頻繁に臨時停車し、団地の敷地内で乗客らが用をたしていき、住民が苦情を訴えるということもありました。

人間の屎尿の処理さえまだ十分にされていない状況下で、犬の糞に対して、さして関心がもたれなかったのも当然と言えるでしょう。多くの人にとって、路上で目にする犬の糞などは問題の範疇《はんちゅう》にすら入っていなかったのです。犬の糞の放置問題を考えるにあたっては、ほんの五〇年ほど前までは汚物が身近に存在していたという社会環境を前提として考える必要があります。

その後、時代が進むにつれて人々の汚物に対する意識も変化していきます。屎尿処理システムの整備、畑における屎尿利用の減少、トイレの水洗化などにより、屋内外で直接屎尿に接する機会は激減していきました。

汚物が日常から遠ざかるにつれて、屋外に放置されている犬の糞に対して抵抗感を抱く人が増えていきます。そして、これを問題視する声も次第に大きくなっていきました。こうした環境の変化が、犬の糞の放置問題を顕在化させた大きな背景と考えられます。

同時に、道路の整備が進んだことも大きな要因として挙げられます。道路の舗装が十分なされていなかった時代、犬に糞をさせている人の多くは、路上に放置しているというより、道路脇の草むらや土の上に糞をさせ、自然に還しているという感覚をもっていました。実際、道路の舗装が進んでいなかった地域ほど、放置することに抵抗感はなかったようです。

一九五五（昭和三〇）年時点の道路舗装率（年度当初の数値、簡易舗装を含む）は、一般国道一九・二パーセント、都道府県道五・五パーセント、市町村道一・〇パーセントでした。これが四半世紀を経た一九八五（昭和六〇）年度末には、それぞれ九七・一パーセント、八九・〇パーセント、五四・四パーセントとなっています（国土交通省「道路統計年報二〇一三」参照）。日本の道路が、飛躍的に整備されていったことが分かります。土と異なり、舗装された道路では糞が長く残るため、より目立つ存在になっていったわけです。これに伴い、糞の放置を咎《とが》める声も大きくなっていきました。

さらに、野犬（のら犬）の数が減少したことも、この動きを後押ししたと考えられます。かつては、飼い犬の糞なのか野犬の糞なのか区別がつかないものが路上に多数放置されていました。戦後、狂犬病予防法（一九五〇年制定）に基づき、各地で野犬の捕獲が進められました。同時に、野犬を直接捕獲するだけでなく、路上に毒まんじゅうを置いて殺すという処置も行われていました。その結果、野犬は次第に数を減らしていき、それに伴って処分数も年々減少していきました。

たとえば、一九七四（昭和四九）年度に殺処分された犬の頭数は約一一五万九〇〇〇頭でしたが、一五年後の一九八九（平成元）年度には約六八万七〇〇〇頭にまで減少しています（環境省の資料より。数値は総理府調べでいずれも推計値）。これ以後も、一貫して減少傾向は続いています。所構わず糞をする野犬が減ったことも影響して、路上に放置される糞も少なくなっていきました。

一方で、ペットとして飼われる犬の頭数は、戦後ほぼ一貫して増加しています。登録頭数で見ると、一九六〇（昭和三五）年時点で約一九〇万五〇〇〇頭だったのが、二〇一三（平成二五）年には約六七四万七〇〇〇頭になっています。(5) 同時に、犬が室内で飼われる比率も時代とともに高くなっていきます。

一般社団法人ペットフード協会の調査（二〇〇九年）によると、室内で飼育される比率は七三・三パーセント（純粋犬八〇・七パーセント、雑種犬四四・七パーセント）となっています。室内で飼育するとなれば、日常的に糞の処理に気を遣わざるを得ません。室内で飼う人が増えたことにより、必然的に糞に対する意識も向上していったと考えられます。

糞の放置は、すでに昭和二〇年代の時点で、「軽犯罪法第一条二十七項」(6)で取り締まりの対象となっていました。しかし、実際にこれが適用されるケースはほとんどありませんでした。

処理に関して具体的なルールづくりが進んだのは、まだ最近のことです。今日、全国の多くの自治体で糞の放置に関する条例を定めていますが、大半は平成一〇年代以降に制定されたものです。平成に入る前の段階において、環境全般の保全を掲げた条例は各地にありましたが、具体的に犬の糞に言及した条例は、愛知県津島市の「飼い犬を伴う散歩に関する条例」（昭和五七年四月一日施行）など、ごく一部にとどまっていました。

日常的に糞尿《ふんにょう》・屎尿《しにょう》に接する機会が減ったこと、道路が整備されてきれいになったこと、路上で目にする犬の糞が減少したこと、これらの変化によって、路上に放置される糞はきわめて目立

(5)　厚生労働省の資料より。一般社団法人ペットフード協会の統計によると、推定飼育頭数は登録頭数を大幅に上回っている。年により変動はあるが、近年のデータでは、登録頭数は推定飼育頭数の五〜六割程度となっている。

(6)　第一条　左の各号の一に該当する者は、これを拘留又は科料に処する。
二十七　公共の利益に反してみだりにごみ、鳥獣の死体その他の汚物又は廃物を棄てた者。

つ存在として認識されるようになっていきます。そして、犬の糞を「放置しない」「持ち帰る」ということが当然の行為と思われるようになりました。社会環境が変化すると同時に、人々がマナー・モラルについて抱く「普通」の水準も高くなっていったわけです。

これまでは、社会環境とマナー・モラルがともに低い水準にあったため、放置された糞を目にしても、「いつものことだ」とか「まあ仕方ないか」といった感覚で接することができました。しかし、路上に犬の糞があることが「異状」と見なされるようになり、犬を散歩させるときには処理袋を持つことがマナーであるという認識が強くなってきました。また、そうしたマナーを共有する人が多くなるにつれて、糞を放置する人に対する同調圧力も強まっていきました。地域によって差はありますが、糞を持ち帰るというマナーは、おそらく昭和五〇年代から六〇年代ごろに定着しはじめたのではないかと考えられます。

放置される犬の糞の減少は、糞を放置しにくい環境ができたことで生まれた現象であり、飼い主に対する啓発活動、あるいは法による規制・取り締まりが大きな役割を果たしたというわけではありません。社会環境の変化が、結果として人々の行動を変えたのです。これは原因論ではなく、機会論に基づく変化が成果をもたらしたという象徴的な事例と言えるでしょう。

5 「機会論」から検討を進める

ここでは、機会論に基づいてマナー・モラルの向上を目指す、具体的な取り組みについて見ていきます。

「目」がもたらす効果

二〇一三（平成二五）年七月、神戸市は放置自転車をなくすことを目的に、ある社会実験を行いました。放置自転車の多かった通りに「目力看板」と呼ばれるものを設置したのです。その看板には、人の目と鼻の部分をアップにした写真が貼られています。看板が視界に入ると、自分がじっと見られているように感じられます。つまり、視線の効果を利用して、自転車の放置を思いとどまらせようとしたのです。

一般的に、自転車の放置禁止を訴える場合は、「こ

神戸市が実施した社会実験「目力看板」（写真提供：神戸市）

こに自転車を停めないでください」といった文言を記した看板が設置されます。神戸市は、言葉ではなく「人の目」によって放置しにくい環境づくりを狙ったわけです。これは、自転車を放置しやすい機会の除去という、機会論からの取り組みの一つと言えるでしょう。

実際、この「目力看板」によって放置自転車の台数は減少しました。誰かに見られていると思わせる環境が、マナー・モラルを向上させるという効果を生み出したのです。看板の設置については、「景観を損ねる」といった反対意見も少なくなかったようですが、視線によって一定の効果が証明された点では注目すべき事例と言えます。

比較行動学を研究する小田亮《りょう》氏（一九六七～）は、著書『利他学』（二〇一一年）のなかで、「目」が人の利他的行動にどのように影響を及ぼすのかについて、国内外で行われた実験を分析しています。

実験の一つで、被験者は一定額のお金をわたされ、それをもう一人の被験者と分け合うように指示されます。ただ、お金をわたされた被験者は、全額を自分が受け取っても構わないとされています。また、被験者は互いに赤の他人で、顔を合わせることはありません。そうした状況下で、指示を受けた被験者はどんな行動をとったのでしょうか。

結果として、全額を独り占めした人は少数派でした。自分には半分よりもやや多く、もう一人にはやや少なくなるように分けた人がもっとも多かったようです。

次は、同様の条件で、その場に「目」の絵が置かれた場所でお金を分け合うように指示がされました。すると、もう一人の被験者に分配される額が増えたそうです。この結果から、「目」が人の利他的行動を促したということが考えられます。

ほかにも、あるカフェテリアで行われた実験が紹介されています。そのカフェテリアの壁には、「食べ終わったら、トレイを棚に置いてください」という注意書きが掲示されています。実験では、その注意書きの上に、「花」の写真と「目」の写真をそれぞれ配置しました。そして、どちらの写真があった場合に注意書きの効果が強く表れるかが測定されました。ご想像どおり、「目」の写真を配置したほうがトレイを片づける人が多かったということです。

これら以外にも、いくつかの関連実験をとおして、「目」が利他性を高めることが明らかにされました。たとえ絵や写真でも、「目」があることによって人の行動が影響されるということです。ただ、「目」が直接利他的な行動を促すというわけではなく、「目」があることによって評判への期待、すなわち誰かが自分の行いを評価するのではないかと思う感情が生まれ、それによって利他的な行動が引き起こされるのです。

小田氏はこの点に関して、「相手からのお返しが期待できず、特に利他的にふるまわなくてもかまわないような状況でも、それを（間接的なものも含めて）互恵的な状況だと積極的に誤解するようなバイアス（先入観）が人間には備わっているのかもしれない」（前掲書、七五ページ）

と推測しています。まさに、「情けは人のためにならず」あるいは「困ったときはお互いさま」の心理が、赤の他人に対する利他的な行動、つまり道徳的な行動を導いているということです。

ところで、最近はトイレで「当店のトイレをきれいにお使いいただきましてありがとうございます。店主」というポスターをよく見かけます。視覚的に認識できる「目」ではありませんが、これも間接的に「目」を意識させることで、トイレを汚さないという効果を狙った仕掛けだと言えるでしょう。

恥ずかしさを感じる場面

冒頭で紹介した「目力看板」や先の実験で用いられた「目」は、いずれも顔の一部分の写真もしくは絵で、人物を特定したものではありません。次は、そのような一般的な「目」ではなく、特定人物の「目」について考えてみます。特定人物といっても、人間関係は人によって異なりますので、ここではみなさん自身の視点であるケースをイメージしていただきます。また、このケースでは、直接道徳的な行動をするか否かではなく、恥ずかしさをどの程度感じるかという点から、「目」すなわち周りにいる他者の影響力について考察します。機会論の文脈からはやや逸れますが、この点は日本人のマナー・モラルを分析するうえで欠かせない要素でもあります。

想定するのは、深夜、近所のポストへ郵便物を投函するために出掛ける場面です。自宅からポストまではほんの数十メートル。時間的にも、距離的にも、誰かに出会う可能性は非常に低いと予想されます。わざわざ着替えをするまでもないと考え、パジャマや部屋着などで出掛けます。女性なら、化粧をせずに出掛けると考えてもよいでしょう。いずれにせよ、昼間であればそのまま外出するのがためらわれるような姿です。

家を出てポストへ向かいます。人に会うことはないだろうと思っていた矢先、誰かに遭遇してしまいました。夜道とはいえ、自分の姿は街灯の明かりで相手にはっきり見えています。このとき、自分の姿を見られたことについて、恥ずかしさを強く感じる場合とそうでない場合があります。

最初に、恥ずかしさを強く感じない場合を考えてみましょう。ここでまず想定されるのが家族です。普段、同じ家でパジャマや部屋着でいるところを互いに目にしているわけですから、そこで恥じらいを感じることはないでしょう。寝食をともにする機会の多い仲間や友人も同様と考えられます。このように、ごく身近な人であれば、恥ずかしさを強く感じない相手となります。

身近な人以外にも、恥ずかしさを強く感じない人がいます。たとえば、自分と年齢が大きく離れていると思われる高齢者や子どもが挙げられます。同じ言語でコミュニケーションがとれないと思われる外国人や、荷物を運搬する途中でたまたまトラックを停めて休憩していた通りすがりの長距離ドライバーなども同様でしょう。

ここで挙げたのはあくまでも一つの例で、自身の年齢、立場、性格、人間関係によって感じ方は当然異なります。ほかにもいろいろと例を挙げることはできますが、その人たちに共通しているのは、自分とはまったくかかわりをもたないと思われる赤の他人であるということです。つまり、恥ずかしさを強く感じない人は、身近な人と赤の他人という二種類の人たちと言うことができます。

そうなると、逆に恥ずかしさを強く感じる人は、身近な人でも赤の他人でもない人、ということになります。位置づけとしては、身近な人と赤の他人の中間にあたるでしょう。それほど身近な人でもなく、また自分とまったく縁遠いわけでもない人たちです。学校や職場の友人、近所に住んでいる知人、趣味で知り合った人といった顔見知りがここに含まれます。

さらに、たとえ顔見知りでなくても恥ずかしさを強く感じてしまう人がいます。その例として挙げられるのが、自分と年齢が近いと思われる人、同じ地域に住んでいると思われる人などで、ここにもさまざまな人が含まれるでしょう。顔も名前も知らないけれど、恥ずかしさを強く感じてしまうという人です。

ただ、先に挙げた恥ずかしさを強く感じない人のなかにも知らない人は含まれていました。つまり、同じ知らない人でも、恥ずかしさを強く感じる場合と感じない場合があるということです。その違いは、自分と今後なんらかのかかわりをもつ可能性があることを、直感的に感じたか否か

図5　対人関係と恥ずかしさの感じ方の分類

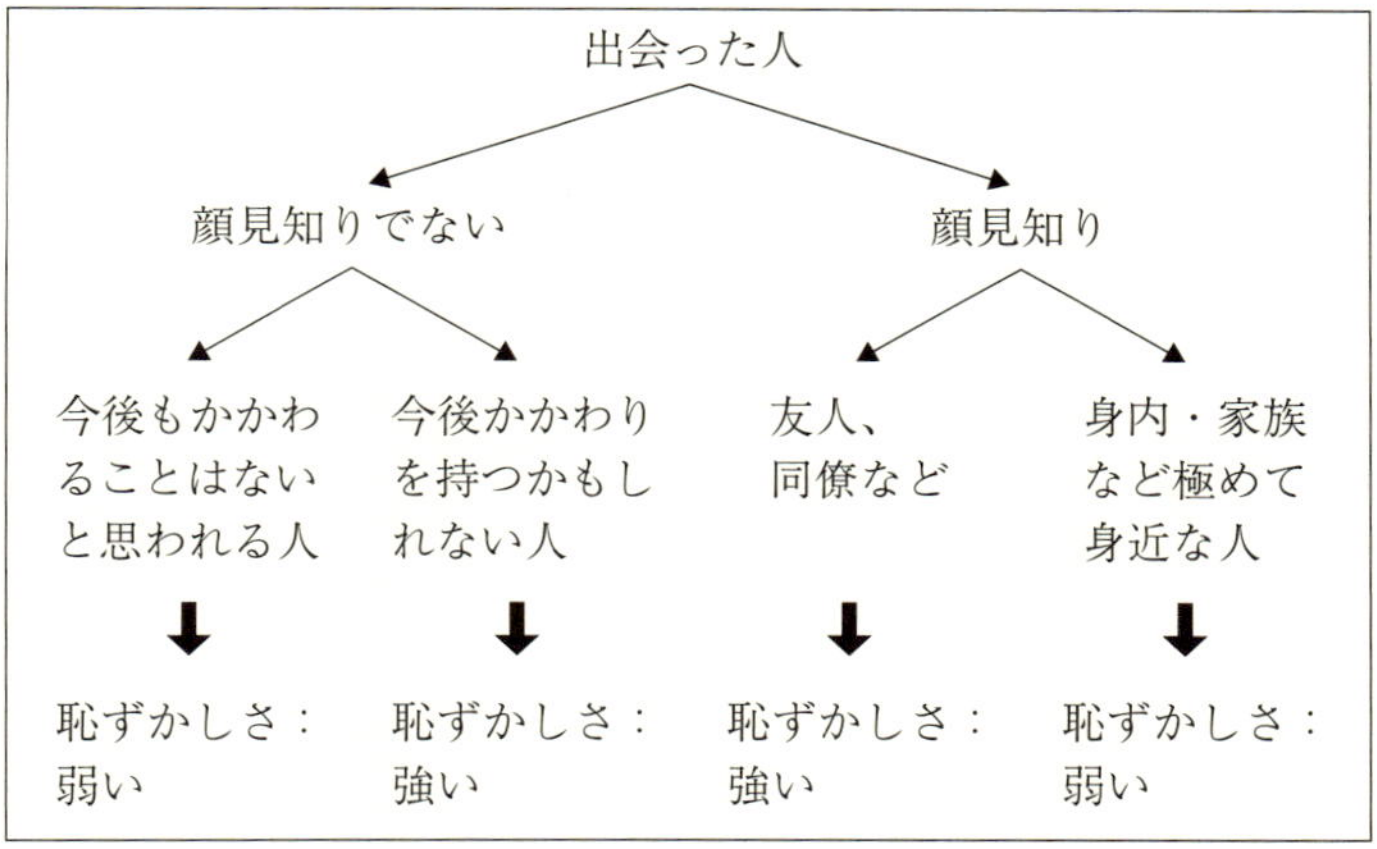

によって現れます。「今後」とは、さしあたり今この場で出会ったことを記憶にとどめている程度の期間ととらえればよいでしょう。近い将来、仲間・友人、同僚、恋人、仕事の取引相手などになりうると思われる人には恥ずかしさを強く感じるわけです。

　右記を整理すると、出会った人は四つのタイプに分類されることになります。そのなかで、身近な人および自分と縁遠いと思われる人に対しては恥ずかしさをあまり感じず、知人および今後かかわりをもつ可能性がある人に対しては恥ずかしさを強く感じるということです（**図5**参照）。

羞恥と日本人の心理

　恥ずかしさを強く感じる人とそうでない人が生じることに関しては、心理学の実験でも明らかにされています。心理学者の堤雅雄氏（一九四七〜）は、人が誰に対して羞恥《しゅうち》を感じるかについて、大学生を対象に調査を行っています。調査では、被験者にとっての他者を心理的な距離に応じて以下の五つに分類しています。

A：最も気心の知れた同性の友人
B：出会えば挨拶をし、多少の会話をする同性の知り合い
C：話をしたことはないが、顔や名前を知っている同性の人
D：名前は知らないが、顔を見たことのある同性の人
E：顔も名前も知らない、たまたまその場にいた同性の人

（堤雅雄『増補版　矛盾する心』一九九九年、七七〜八九ページ）

そのうえで、さまざまな場面において恥ずかしさの度合いを調べています。詳細は割愛しますが、結果として両端に位置する「A」「E」よりも、中間的な位置にある「B」「C」「D」の人に対して強く恥ずかしさを感じることが分かりました。これを図に表すと、逆U字型を描く曲線になります（**図6**参照）(7)。この結果からも、自分からの距離が近い人と遠い人に対しては恥ずかしさを感じにくく、その中間に位置する人に対して恥ずかしさを強く感じやすいということが分かります。

ところで、他者の視線を意識すること、恥じらいを感じることについては、日本人はとくにその傾向が強いと言われています。この点を指摘したルース・ベネディクト（Ruth Benedict, 1887～1948）の『菊と刀』（一九四六年刊）(8)は、現在もさまざまなところで言及されています。日本を「恥の文化」、欧米を「罪の文化」と規定したその著書は、戦後の日本人にインパクトをもって迎えられました。彼女の論に対しては、すでに批判的な検討が多くなされています。確かに、日本と欧米の文化を明確に類型化することには無理があるでしょう。

当然ながら、恥意識は日本人特有の感覚ではありません。他の民族・国民も、さまざまな場面で恥ずかしさを感じます。また、何に対して強く恥ずかしさを感じるのかは、民族・国民によっ

図6　羞恥場面における評定平均値

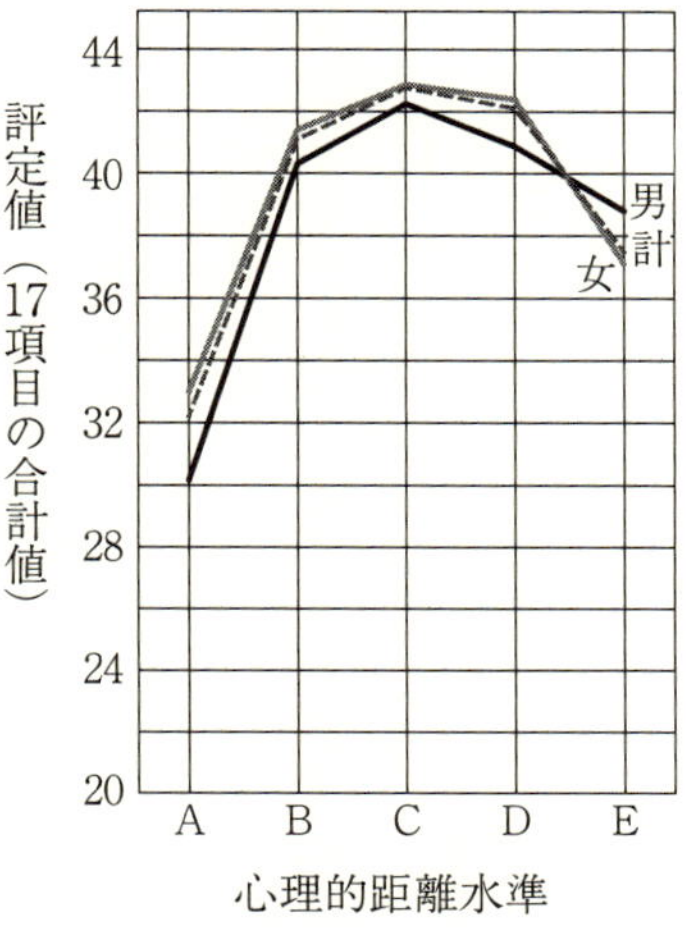

出典：堤雅雄『増補版　矛盾する心』84ページ

（7）実験では、一七項目の羞恥喚起場面について、男女それぞれに評定平均値を出している。

（8）当初、社会思想社から邦訳が刊行されていたが、現在は、角田安正訳の「光文社古典新訳文庫」（二〇〇八年）か、長谷川松治訳の「講談社学術文庫」（二〇〇五年）がある。

て傾向が異なります。そのなかで、日本人はある特定の事柄に対して、他国の人たちよりも強い恥意識を示すことが分かっています。

心理学者の永房典之氏（一九七二〜）は、日本、アメリカ、トルコの中高生に対して恥意識の特徴を探る調査を行っています。永房氏は恥意識の因子として、「親の叱責」「先生の叱責」「同調不全」「社会規律違反」「自己内省」の五つを挙げ、どの国の学生がどの因子に強く恥意識を感じるかを調べました。このなかで、「同調不全」とは周りの人と自分が違うことで感じる恥ずかしさ、「社会規律違反」とは社会で決められた規律を守れなかったことで感じる恥ずかしさ、「自己内省」とは自分が理想とする事柄を実行できなかったことで感じる恥ずかしさ、を指します。

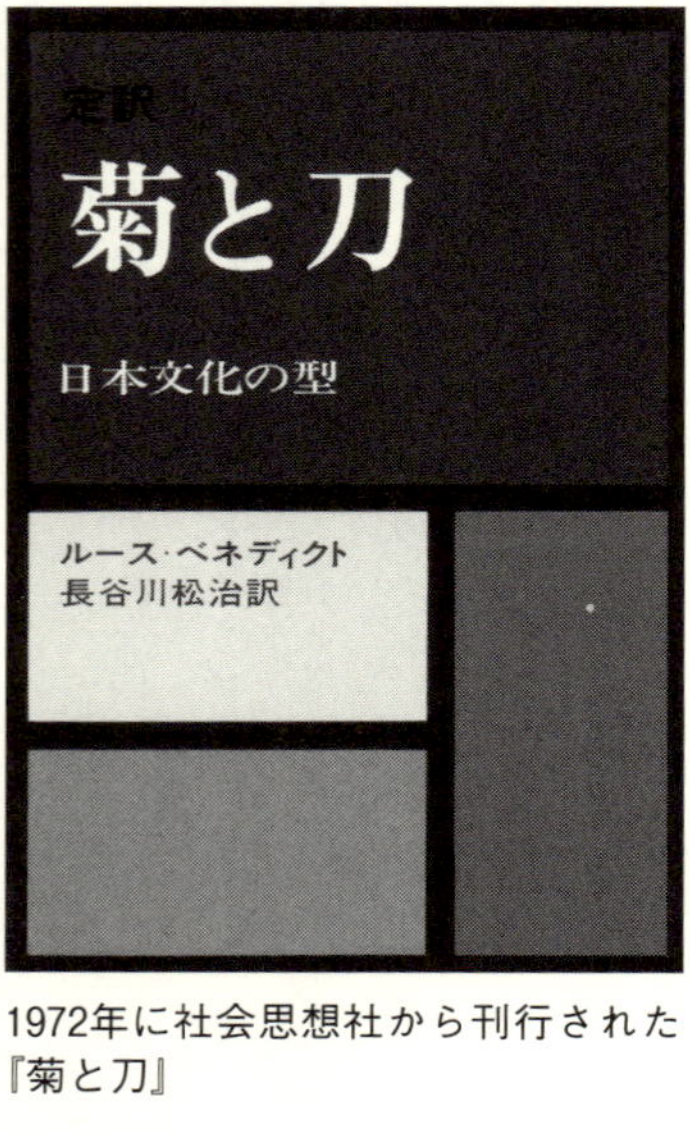

1972年に社会思想社から刊行された『菊と刀』

この調査の結果、全体の合計でもっとも恥意識が強いとされたのは、日本ではなくトルコでした。ただ、項目別に見た場合、日本人は「同調不全」に対しては、トルコ人、アメリカ人よりも強い恥意識を示したということです（永房典之編著『なぜ人は他者が気になるのか？』二〇〇八年、二二～二五ページ参照)。

この結果から、日本人が周りの目を意識し、自分が周りの人たちと違っていないかを強く気にする傾向にあることがうかがえます。日本人についてよく指摘される「横並び志向」の強さを裏付けるような結果だと言えるでしょう。

ここまで、人は中間的な位置づけの人に対して恥ずかしさを感じやすいということ、なかでも日本人は同調不全に対して強く恥じらいを感じる傾向があることを見てきました。こうした日本人のメンタリティーについて精神医学者の木村敏氏（一九三一～）は、長年の臨床経験をふまえて次のように語っています。

日本では数多く見られるのに、西洋ではほとんどないのが、赤面恐怖症に代表される対人恐怖です。

面白いのは、どういう場面で緊張して顔が赤くなるのか患者に聞いてみると、家族の前では大丈夫だと言うんですね。それから、見ず知らずの人に対しても症状は出ない。会社の同僚であるとか顔見知りの人の前に出るのが一番辛いというんですね。「世間」というのはそういう中間的な層の人々によって構成されているのではないでしょうか。（阿部謹也・木村敏「『世間』と『社会』のあいだ」『諸君』一九九六年三月号、二〇五ページ）

木村氏は、対人恐怖症が日本人に多いと述べると同時に、対人恐怖症の患者は、先ほどの事例で見たように、自分から見て中間的な位置にある人々に対して緊張感を抱く傾向があると指摘しています。(9) また木村氏は、発言のなかで、この緊張感を覚える相手に対して「世間」という言葉を使用していますが、実はこの「世間」というものが、日本人のマナー・モラルの変化を解き明かすうえで非常に大きな鍵になってくるのです。次章では、まず「世間」という概念について、その本質に迫っていきます。それを踏まえたうえで、あらためて日本人のマナー・モラルについて考察していきます。

(9) 堤雅雄氏は、アメリカでの研究例をもとに、対人恐怖症が必ずしも日本人特有のものでなく、文化を超えた普遍性を有すことがうかがわれるとの見解を示している。(堤雅雄、前掲書、六一ページ)

第4章
「世間」はいかに日本人の行動を規制してきたか

1　「世間」の中身を理解する

「世間」という概念

「世間」とは、自分から近くもなく遠くもない、中間的な位置にいる人たちのことを指します。前章で見たように、この「世間」に相当する人に対して日本人はとくに恥じらいや緊張感を覚えやすいわけです。こうした傾向は、日本人が普段使う言葉からも分かります。たとえば、「世間体《せけんてい》を気にする」とか「世間様に顔向けができない」という言葉はよく耳にするでしょう。また、「あの人は世間知らずだ」とか「世間をお騒がせして申し訳ない」といった言い方もされます。

「世間」という言葉はごく日常的に使われていますが、それが具体的にどんな人たちを指すのか、あるいはどこからどこまでの人を指すのか、明確に線引きすることはできません。中間的な位置にいる人たちというのは、当然、人によって異なります。つまり「世間」は、一人ひとりの主観によって意識されるものであって、自分以外の人が客観的に認識できるものではないのです。

世間に関する多くの著作を残した歴史学者の阿部謹也（一九三五〜二〇〇六）は、「世間」を次のように説明しています。

「世間」という言葉は自分と利害関係のある人々と将来利害関係をもつであろう人々の全体の総称なのである。具体的な例をあげれば政党の派閥、大学などの同窓会、花やお茶、スポーツなどの趣味の会などであり、大学の学部や会社内部の人脈なども含まれる。近所付き合いなどを含めれば「世間」は極めて多様な範囲にわたっているが、基本的には同質な人間からなり、外国人を含まず、排他的で差別的な性格をもっている。（阿部謹也『世間への旅』二〇〇五年、七〜八ページ）

この説明からも分かるように、「世間」の範囲は非常に幅広いのです。「自分と利害関係のある人々」だけでなく、「将来利害関係をもつであろう人々」まで含めれば、その数はきわめて大きいことが分かります。先に述べたように、「世間」は一人ひとりの主観によって意識されるものです。その一人ひとりが互いを「世間」と認識し、つながりを意識することによって、一つの集団であるかのように思われるのです。

阿部の説明にある派閥や同窓会といった所属集団そのものが「世間」というわけではありません。厳密に言えば、その内部で意識される人的ネットワークが「世間」に相当するのです。阿部は「世間」について、この説明のほかに、そのなかで生きる人々の行動原理として次の三つを挙げています。

一つ目は、「贈与・互酬《ごしゅう》」です。これは、何かをもらったらお返しをするという関係性を指します。お中元・お歳暮、年賀状、香典など、具体例はたくさん挙げられます。モノや金銭だけでなく、助けてくれた人を別の機会に助けるといった無形のものも含まれるでしょう。こうした、何かをもらったら必ずお返しをしなければならないという心理が、人と人の関係をより強固なものにしています。

二つ目は「長幼の序《ちょうようのじょ》」です。読んで字のごとく、年長者と年少者の間にある秩序、つまり目上の人を敬うということです。日本人は、初対面の人と会ったとき、まずその人が年上か年下かを気にします。それが分からないと、円滑なコミュニケーションができません。たった一年であっても、早く生まれたのかどうかという点が重視されるのです。「先輩」「後輩」という、欧米人には理解されにくい上下関係を表す言葉は、「世間」を象徴するものと言えるでしょう。

そして三つ目が「共通の時間意識」です。これは、「『世間』のなかで生きている人々は皆一つの時間のなかで生きていると信じていること」（阿部謹也『日本人の歴史意識』七ページ）を指します。

世間に属する人たちは、誰もが同じ時間の流れのなかで、同じようなことをしているという意識を共有し、互いに同調することを求めます。ここから逸脱《いつだつ》することは許されません。「出る杭は打たれる」ということです。また、「ご無沙汰しております」「お世話になっております」「今

後とも よろしくお願いいたします」といった挨拶を日常的に交わすことも、この特徴を表していると言えます。

右に挙げた三つに加えて、阿部が先の説明のなかで触れた「排他的で差別的」という点も、「世間」における人々の行動原理の一つだと言えます。つまり、「世間」に対しては礼儀正しく親切に振る舞う反面、その外側にいる「他人」に対しては傍若無人な態度で接するということです。第1章で見た、外国人の日本人に対する論評がまさにこれと合致します。

心理学から見た「世間」

世間論の先駆けとも言われる『「世間体」の構造』を一九七七年に著した心理学者の井上忠司氏（一九三九〜）は、「世間」について次のように述べています。

いまかりに、遠慮がはたらく人間関係を中間帯とすると、そのウチがわには、遠慮がないミウチ〔身内〕の世界があり、そのソトがわには、遠慮をはたらかす必要のないタニン〔他人〕の世界が位置することになる。いちばんウチがわの世界と、いちばんソトがわの世界は、無遠慮であるという点で共通している。すなわち、ミウチの世界は、あまえていてへだてがないので無遠慮であり、タニンの世界は、へだてはあって、それを意識する必要がないので無遠慮なのである。はやい話が、ミウチのあいだでは、「ミウチの恥にふた」をすることができ、タニンの前では「旅の恥はかきすて」でもよいのであって、ともに「世間体」をつくろう必要はないわけである。（井上、前掲書、一二四ページ）

井上氏が「遠慮がはたらく」と表現する箇所については、これまでの文脈に合わせて「恥じらいを強く感じる」としてもよいでしょう。いずれにせよ、井上氏は「世間」を、「身内（ミウチ）」「仲間内（ナカマウチ）」と「他人（タニン）」「よその人（ヨソのヒト）」の間に位置づけられる世界と定義しています。この関係はすでに見てきたとおりです（**図7**参照）。

先に挙げた、深夜ポストに郵便物を投函しに行く例で考えると、恥ずかしさを強く感じる「友人、同僚など」と「今後かかわりをもつかもしれない人」が「世間」で、その両端に位置づけられる恥ずかしさをあまり感じない人が「身内」あるいは「他人」ということ

図７　準拠集団としての「世間」

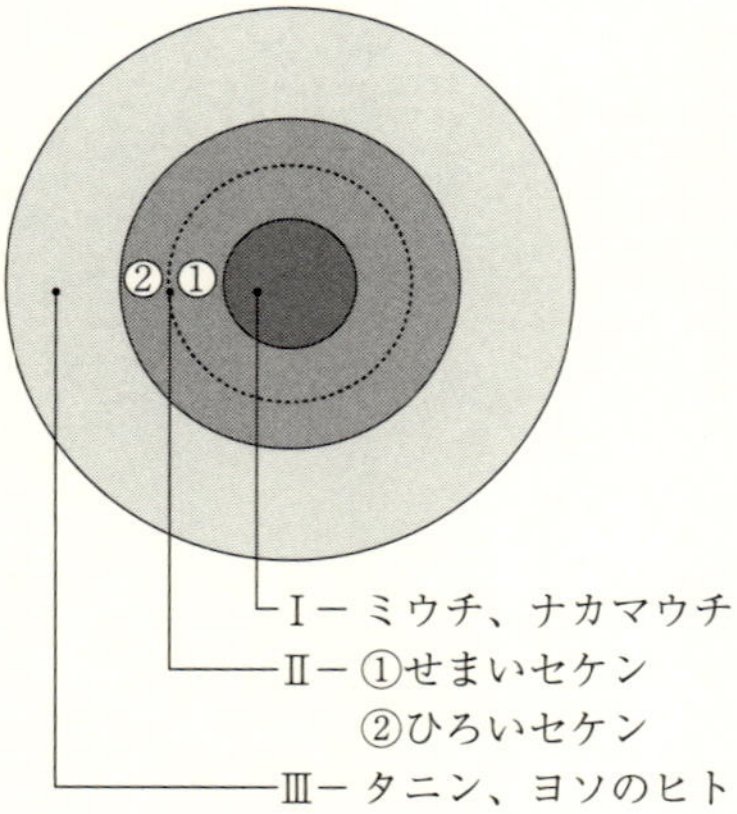

出典：『「世間体」の構造』124ページ

になります。

井上氏は、「世間」の位置を明らかにしたうえで、これを「準拠集団」として説明します。準拠集団とは、自分の行動の拠り所とする集団を指します。たとえば、出掛けるときにどんな服装にすべきかを考える際、その基準とする人たちがいる集団がこれに相当するでしょう。

さらに井上氏は、「世間」という概念について、「せまいセケン（世間）」と「ひろいセケン（世間）」の二つに分けてとらえています。これは、「友人、同僚など」と「今後かかわりをもつかもしれない人」にそのまま置き換えられます。阿部の言葉を借りるなら、「利害関係のある人々」と「将来利害関係をもつであろう人々」ということになります。(1)

たとえば、同じ学校に通う同級生、職場の同僚、近所に住む人、趣味の仲間などは、「せまい世間」に相当すると考えられます。ただ、この場合の学校、職場、地域、サークルに属する人たちがそのまま「せまい世間」に当てはまるわけではありません。同じ集団に属する人であっても、それぞれの関係の深さは人によって異なります。「せまい世間」は、所属集団のなかでもすでに利害関係をもっている人にかぎられるのです。また、右に挙げた例からも分かるように、一人の

(1)「世間」の概念について定まった定義はなく、指し示す範囲は論者によって異なる。本書では、井上氏の分類に基づき、「世間」を「ひろい世間」と「せまい世間」に分けて考察するが、その詳細に関しては必ずしも井上氏の論考と一致するわけではない。

人間が「せまい世間」を複数もつこともごく普通にありえます。

一方、「ひろい世間」は、知人でないと同時に、自分とかかわる可能性がまったくない「他人」でもない人を指します。仕事で関係をもつ可能性がある人、自分の友人になるかもしれない人、恋愛対象になりうる人など、さまざまなケースが考えられます。該当する人は多岐にわたるわけですが、自分と年代が近いと思われる人や、同じ言語・話題でコミュニケーションが取れると思われる人など、感覚的に自分に近しいという思いを抱ける相手が「ひろい世間」として位置づけられます。

今後、知人になることを具体的にイメージするまでには至らなくても、直感的に自分に対する関係性、近さを感じるという理解でも差し支えないでしょう。一般的な社会生活を送っている人であれば、数のうえでは「せまい世間」よりも「ひろい世間」と感じる人のほうが圧倒的に多いと考えられます。

「世間」の流動性

ここまで、「身内」と「他人」の間に「世間」があり、「世間」はさらに「ひろい世間」と「せまい世間」に分けられることを見てきました。ただ、区別したからといって、それらの区分が常に一定であるわけではありません。

「他人」としか認識できなかった人でも、場合によっては「ひろい世間」あるいは「せまい世間」の範疇《はんちゅう》に加えられる可能性があります。「ひろい世間」に位置づけられていた人であっても、知り合うことで「せまい世間」の人となり、さらに生活をともにするようになれば「身内」にもなりえます。もちろん、その逆の場合もあるでしょうし、各集団の境界線上に位置づけられるような人がいるかもしれません。

一つの例として、第2章で紹介した花見会場のケースで、各集団の流動性について見てみましょう。ここでは、会社員が同じ部署の人たちと花見会場を訪れた場面を想定します。宴席で顔をあわせているのは、会社の同僚という「せまい世間」です。そこでは、社内にいるときと同様に一定の礼儀が求められるでしょう。部下が上司と接するに際しては、さまざまな「世間の掟《おきて》」があるかもしれません。

しかし、ここに酒が入ると状況が変わります。日本において、酒の席では無礼講《ぶれいこう》、つまり上下の隔たりをなくして楽しく飲むことが古くからの習わしとされてきました。これにより、「世間」の上下関係がなくなります。これはすなわち、互いが打ち解けて「身内」のような関係になることにほかなりません。これまで気を遣い、礼を尽くす対象であった人たちが、一時的に「身内」となるわけです。

無礼講だからといって、すぐに上下関係を無視する状態になるわけではありません。少なくとも素面《しらふ》であるうちは、最低限の礼儀は心掛けるというのが普通でしょう。それでも、酔いが回るにつれて、宴会の場は本当に無礼講の状態に変わっていきます。場合によっては、酩酊《めいてい》して「世間」を「他人」としか認識できなくなるケースもあるでしょう。また人によっては、たまたま居合わせた「他人」と意気投合して、「身内」のごとく酒を酌み交わすかもしれません。

いずれにせよ、彼らの周りには、会社の同僚などの「身内」とほかの花見客、すなわち「他人」しか存在しなくなります。視線を気にする「世間」は消えてしまっているのです。そうなれば、本来は恥ずべき行為であってもお構いなしという状態になります。

酒の席における無礼講は、人間関係を円滑にする役割を果たすという意味において決して否定されるものではありません。ただ、それは「世間」の人だけが集まる、かぎられた場においての話です。「他人」が大勢居合わせる公共の場にこうした慣習をもち込めば、周りの人たちからすれば、ただただ迷惑な集団でしかありません。この点は前述したとおりです。

酒の席における集団の変化はやや特殊な事例ですが、こうした「世間」や「他人」の範囲が流動的で、なんらかのきっかけで変化していくという点は、マナー・モラルの問題を理解するうえで重要なポイントになってくるのです。

2　「世間」の強い影響力を知る

日本人の礼儀正しさ

「世間」というものが、いかに日本人の行動に強い影響を及ぼしているかについては、昔からさまざまなエピソードをとおして紹介されています。具体的な例として、若いサラリーマンが会社の上司と一緒に列車に乗るときの姿がよく取り上げられます。そのサラリーマンは、列車のドアが開くと我先にと乗り込み、他人を押しのけて自分の上司の席を確保します。周りに高齢者が立っていても、まったく眼中にありません。とにかく、「世間」において目上にあたる上司に礼儀を尽くすことが最優先となり、高齢者を含む「他人」が迷惑していてもまったく気に留めることはないのです。

日本人が知人とお辞儀を交わす姿も、「世間」を象徴する具体的なエピソードとしてよく俎上《そじょう》に乗せられます。街の雑踏のなか、行き交う人とぶつかっても構うことなく、また道端にゴミを捨てたり、痰を吐いたりするなど傍若無人に振る舞っていた人が、たまたま知人（「世間」）に出くわすと態度が一変します。これまでの自分の恥ずべき振る舞いを見られていなかったかを気にしつつ、深々とお辞儀をしながら挨拶の言葉を呟《つぶや》きます。立ち止まることで通行の妨げになっていても気にすることはありません。自分が頭を上げたときにまだ相手がお辞儀をしていたら、自分も再び頭を下げるといった行為を繰り返すのです。

いずれも極端なケースですが、外国人が書物などで日本人について説明する際、右記のような例がたびたび引き合いに出されています。こうした「世間」に対して示す日本人の礼儀について、阿部は次のように述べています。

日本人の礼儀というのは、主として「世間」の人に対して意味を持っているので、「世間」の人がいないところでは、つまり自分一人で、電車に乗っている時などは、自分の「世間」の人は一人もいないから、自分の「世間」に属している人に見られていないということを前提にして、電車のなかで勝手な振る舞いができる。（阿部謹也『日本社会で生きるということ』二〇〇三年、二三～二四ページ）

「世間」は礼儀を尽くす対象であり、常に体裁を取り繕う必要があります。自分の恥ずかしい姿は決して見せられません。しかし、それ以外の「他人」に対しては、体裁を取り繕おうとする意識は働きません。「他人」の前では恥ずかしい行為をしても、とくに気にならないのです。今日でこそ、先の事例のような行動は極端だと言えますが、ほんの数十年前までは、「世間」と「他人」

の区別を無意識かつあからさまに行っている人は決して珍しくありませんでした。

幕末から明治初期にかけて日本を訪れた外国人の多くが、「日本人は礼儀正しい」という趣旨の記述を残しています。この認識自体は間違っていません。ただ、彼らが見た日本人の礼儀正しさは、「世間」あるいは客人として「世間」の内に迎え入れた人に対してのものなのです。

つまり、当時の日本人が、自分と関係性をもつ可能性を感じることのない「他人」に対してまで礼儀正しくしていたわけではないのです。「他人」に対しては、まさに傍若無人に振る舞っていたのです。

バーナード・ルドフスキーは、日本人の礼儀正しさについて、「不変の行動規範が日本人を礼儀作法の達人にしているのである――彼がホーム・グランドにとどまっている限りそうである」と述べています。「ホーム・グランド」、つまり「世間」でのみ礼儀作法の達人だったのです（ルドルフスキー、前掲書、九五ページ）。

農村の「世間」

先の事例からも分かるように、「他人」と頻繁に接触する機会のある都会では、「世間」と「他人」を区別することがさまざまな軋轢《あつれき》を引き起こしていました。しかし、「世間」にまつわる問題は、「他人」と接触した場面においてのみ見られるわけではありません。

かつての農村のように「他人」と接触する機会の少ない閉鎖的な場では、「世間」の存在自体が人々の暮らしに大きな圧力としてのしかかっていました。この点については、昭和二〇年代に古着の行商人として岩手県の農村を回っていた大牟羅良《おおむらりょう》（一九〇九〜一九九三）が、『ものいわぬ農民』（一九五八年）という本のなかで詳しく描いています。

大牟羅は、農家を一軒ずつ回って古着を売りながら世間話をし、「世間」がいかに農民の生活を息苦しいものにしていたかを肌で感じていました。

「この頃は何時頃起きているす？」ときいてみました。「四時半でがんす」「そんなに早く起きないと、間に合わながんすか？」「なァに、六時に起ぎでも、間に合うのす、だども、あたりほとりの家ァ、早く起ぎで雨戸っコあげるのでなス」、こういうことで、早く起きて雨戸をあけるというのでした。「では雨戸をあけてまた寝ていたらよがんすべ」「そうはいがなんす。煙っコ立でねぇと、雨戸っコあげでて、また寝でるべと思われんベス」、こんなことでした。六時におきて間に合うというのに、四時半に起きる─馬鹿な話だと思われないではありませんが、ともかく農村というところはそんなところのようです。

またこんなこともありました。それは電灯がつくようになって間もない部落でしたが、何度も寄ったことのある家でしたので、またよってみました。ところが新しいりっぱなラジオが備えつけてありました。「りっぱなラジオ買ったなス」と言うと、「なァに、おら家《え》（自分の夫）でも、おらもラジオは好きでねぇどもス、あたりほとりで買ったのに、おら家《え》だけ買わねぇと風《ふう》が悪くてなス……」。（大牟羅、前掲書、七〇ページ）

朝六時に起きても差し支えないにもかかわらず、「世間」の目を意識して四時半に起きて雨戸を開け、火を起こし、煙を立てる。ラジオが好きなわけでもないのに、「世間」に同調して買ってしまう。この村に、「朝は四時半に起きなければならない」というルールがあったわけではありません。「新しいラジオを買わなければならない」と、村の寄り合いで決められたわけでもありません。いずれの場合も、周りの家がそうしているから、自分の家もそれに合わせなければいけないという心理が働いたわけです。

悪い評判が立つのを恐れるばかりに、したくもないことをしてしまうのです。これは、先に挙げた「共通の時間意識」に基づく同調圧力が影響した一例と言えるでしょう。「世間は張り物」という諺がありますが、「世間」では見栄を張ることが普通であり、それこそが世渡りの術《すべ》でもあったのです。

同書には、小作農の家に嫁いで二〇年余り化粧をしなかった女性が、自作農になって化粧をする余裕が出てきたにもかかわらず、周りの人に何を言われるか分からないという理由で化粧をためらっていたという話も紹介されています。

女性は、クリームでさえも匂いがするから周りの人に気付かれてしまうと考え、つけることができませんでした。この女性は、「結局おらァ、一生クリームッコもつけれねぇで死ぬんだべなス」（大牟羅、前掲書、七一ページ）と悲壮な思いを吐露《とろ》したとのことです。

大牟羅は、「都会の目はゆきずりの目なのですが、部落の目は凝視の目です」（大牟羅、前掲書、一六六ページ）とも述べています。村の人々は「世間」の目によって行動を制御されるということです。

そのまなざしは、多くの場合、無言です。人々が目を意識するといっても、誰かが実際に自分を見ているのかどうかは分かりません。たとえ見ていたとしても、その人が自分をどう思っているのかは分かりません。直接「世間」の目が自分に注がれているかどうかにかかわらず、目を意識する当人が「世間」の規範に従って行動してしまうのです。

同調する村人

民俗学者の宮本常一《みやもとつねいち》（一九〇七〜一九八一）は、かつての日本の農村について次のように述べています。

今日〔昭和三〇年代〕のように村の中で没落していっても、よそへ出ていって、よい職業とよい生活を見いだす機会が多ければ村の中での没落も問題ではないが、村を出ていっても、そこによりより生活を見いだす機会のすくない場合には、たとえ貧乏はしていても、没落者を出さないことが何より大切であった。そういう心のもちかたが、村の中にはいまものこっているが、一方では、それが人びとの心の中に、大きな緊張感を与えていたことは言うまでもない。一人が貧乏することが、村全体に迷惑をかけることにもなるからで、できるだけ周囲に迷惑をかけまいとする努力は、たいへんなものであった。

それにもかかわらず、たえず何かにつけて迷惑をかけねばならぬことが多かった。家の中に病人が出たとか、いざこざがあるとか、借金しなければならぬようなことがあるとか、それらのことについて親戚や近所の人、または村の中の力ある者にたよらなければならぬ場合はきわめて多い。それほどまた、村中の一戸一戸の経済的基礎は貧弱であった。だから一戸一戸がそれぞれ独立して、はっきりと自分の意思の通せるような強さは持てないのである。

（宮本常一『復刻版　村の若者たち』二〇〇四年、一七ページ）

閉鎖的な村社会のなか、どの家も経済的に余裕がないという状況下では、いやが上にも互いに支え合っていく必要がありました。そのため、自分の家だけ怠けていけはいけない、家を没落させてはならない、できるだけ周りに迷惑をかけてはいけない、といった心理が働き、「世間」に同調することが強く意識されました。

そうしなければならないという明確な決まりがあったわけではありません。経済的にも、自分の意志を通せる強さをもてないがゆえに、村における「世間並み」を維持せざるをえなかったのです。ゆえに、岩手県の農村の事例のように、村で常識と見なされている規範に従うことが当たり前と判断されるのです。その判断は、それぞれが「世間」の内側で生きていくために欠かせない術《すべ》であったわけです。同時に、そうした慣習が人々の生活を息苦しいものにしていたことも事実です。

明文化された規範

人々が従うべき規範は、通常、慣習や暗黙の掟《おきて》といった不文律でした。しかし、なかには「村法」という明文化された掟によって村人が縛られるケースもありました。一九六〇（昭和三五）年四月九日付の〈京都新聞〉は、滋賀県のある村に伝わる「村法」がもたらした事件について伝えています。

その村では、江戸時代末期、村の秩序が乱されると村人が共倒れになるとの恐れから、村民が守るべき掟として「村法」がつくられました。「部落の山林、農地は絶対に他の村人に売ってはいけない」、「労力奉仕に出ないものは金をさし出す」あるいは「部落の居住者は出かせぎに出てはならない」など、九か条にわたる掟が紙に記され、一〇〇年にわたって受け継がれてきました。そのうちの一つである「山の境界線について争いが起こった時は組頭がクイを打ってきめる」という掟が、ある悲劇をもたらします。

一九五三（昭和二八）年、村に住む一人の男性が、自らが所有する山で杉の植林を行っていました。ところが、隣接する土地の持ち主から「そこはオレの山だ」と苦情を申し立てられます。本来ならば司法に判断を委ねるところですが、ここでもち出されたのは「村法」だったのです。

当時の組頭の決定により、男性の土地は削られ、さらに男性は違反者と見なされ、所有地の杉六〇本が伐採、処分されてしまいました。男性は裁判所に訴えましたが、村人らは「村法」を守らなかった男性を村八分にします。追い詰められた男性は、最終的に自ら命を絶つという道を選びました。

男性が亡くなったあとも、村人は男性に対して「余りにもわからずやすぎたから」という意見で一致し、自殺という事実に冷たい視線を向け続けました。のちに村人は、「百年の伝統を誇る村法は明治憲法の流れをくんだ新憲法より古い歴史を持っている。私たちはこの村法で生活と安全が守られてきたのだ。時代が変っても村法を尊ぶ気持ちは変らない。村法が生きている限り、われわれはしあわせだ」と述べています。

この事件は、特殊な部類に入る事例かもしれません。ただ、村の掟に従わなかった人が、なんらかの制裁を受けるというケースはこの事件にかぎったことではありませんでした。個人の権利よりも村の秩序が重視され、国の法律よりも村の掟が尊重されたのです。かつての日本では、こうした「世間」の規範が今以上に強い力をもっていたわけです。

近代化と因習の相克

先に紹介した新生活運動では、村人の生活を圧迫するような因習を打破し、世の中を近代化することが目標の一つに掲げられていました。「世間」がもたらしている悪弊を取り除くことで、より合理的な社会にしようとすることも企図されていたのです。しかし、古くから続く「世間」の慣習が、実際にその村の秩序を維持し、人と人の関係を平穏に保つ役割を果たしていたことも事実です。ゆえに、慣習を単純になくすべきものと考えなかった人も少なくありませんでした。

さらに、こうした慣習は個人の内面に深く根付いてしまっているものであるため、ただ「迷信・因習の打破」「習俗の改革」「住生活の合理化」「家庭婦人の地位向上」「虚礼の廃止」といったスローガンを掲げても、容易に変えられないことは想像できるでしょう。実際、今日に至っても、「世間」が生んださまざまな慣習は各地に残されています。

現在、日本が高度経済成長期に入る前の時期を指して、「古きよき時代」として懐かしむ風潮があります。過去を懐かしむ思い自体は否定されるものではありませんが、人と人の絆が深かったとされる「古きよき時代」は、一方で多くの人が「世間」による強い圧迫を受けていた時代でもあったのです。また、今日「日本の原風景」として人々の郷愁を誘っている農村には、かつて「世間」から逃れたくても逃れられず、鬱屈《うっくつ》した思いを抱いていた人がたくさん暮らしていたわけです。そして、こうした息苦しさから逃れんがために、多くの人が都会を目指したという事実も記憶にとどめておくべきでしょう。

高度経済成長期以後、日本社会は大きな変貌を遂げました。それまで「世間」が大きな影響力を放っていた村社会にも変化の波が押し寄せます。その急速な経済発展、都市化の進展などによって「世間」は解体し、崩壊していったとする見方があります。しかし、「世間」は今日もなお厳然として残っています。

すでに見てきたように、そもそも「世間」は客観的にとらえられる集団ではなく、個々人が主観的に認識する集団なのです。社会環境が変化したからといって、個人のメンタリティーが大きく変わるわけではありません。かつては、村落共同体という所属集団と、各個人の認識する「世間」という準拠集団が多くの場合一致していたために、村と「世間」がほぼイコールで結ばれていました。そこでは、各個人を起点とする人的ネットワークが周囲の人たちとほぼ重なっていました。そのため、「世間」があたかも実体であるかのようにとらえられていたのです。

戦後、所属集団が多様化し、居住地と「世間」の関係は薄れていきました。さらに、人の移動が活発になり、遠隔地の人とのコミュニケーションが容易になりました。こうした変化が個々の人的ネットワークの重なりを解消し、それまでの濃密な人間関係を徐々に減じていきます。このような環境の変化が、「世間」が解体したかのような印象をもたらしたわけですが、そもそも「世間」は解体されるものではありません。たとえ村落共同体が解体したとしても、「世間」は形を変えて存在し続けるのです。

3 「世間」の根源をひもとく

群れの教育

今もなお日本人の行動に大きな影響を与えている「世間」について、歴史的な観点からもう少し深く掘り下げてみます。

「世間」の内部では、秩序を保つことが重視されます。ゆえに、お互いが「出る杭は打たれる」ことを常に意識し、同調することをよしとしてきました。そうした「世間」への同調を意識する習慣の継承は、村における教育の場で古くから行われてきました。柳田國男は、かつての村社会における教育を「群れの教育」として説明しています。

> 平凡を憎むという人の気質は、必ずしも新たに生れたものではないが、それが教育の上に公認せられたのは近頃〔この講演が行われたのは一九三七年〕のことであった。家庭がもしも教育の主たる管理者であったら、利害や必要は或《あるい》はもっと早く、此《この》方針を採用せしめて居たかも知れぬが、奈何《いかん》せん前代の青年教育組織に於《おい》ては、実は親々は極度に無力であり、群〔れ〕それ自身は又常に完全に平凡を愛していたのである。（柳田國男「平凡と非凡」『定本・柳田國男集　第二十四巻』一九七〇年、四三九ページ）

村のなかでは、家庭教育よりも群れの教育のほうが圧倒的に強い力をもっていました。そこでは、平凡であることがよしとされていました。「平凡を憎む」、つまり人より抜きん出た能力を賞賛することは、今日では当然のことのように思われていますが、かつての村社会ではそうではなかったのです。

日本では、近代以降、立身出世主義が広がり、優秀な人材を育成することに力が注がれてきました。これが国を発展させる原動力にもなりました。そこでは、当然高い能力を発揮する人が評価されます。しかし、近代以前の村社会においては、そういった人材は必要とされませんでした。

「群〔れ〕の中では、何につけても目に立つことが無く、一度も問題にならぬということが言わば美徳であった」（柳田國男「国民性論」（未完草稿）前掲書二十九巻、五一〇ページ）

つまり、決して突出しないこと、これが第一とされていたのです。横並びが重視される村社会においては、非凡な才能を発揮する人は、むしろ不幸を招く存在とすら考えられていました。民俗学者の牧田茂（一九一六〜二〇〇二）は、これに関するある伝承を紹介しています。

むかしあるところで、大きな吊り鐘をつくったが、それをどうしても吊り下げることができない。村の人は困ってしまった。その時、ひとりのこどもが、まず鐘にあわせて鐘楼《しょうろう》（鐘撞《つ》き堂）をつくるがよいと教えた。鐘の龍頭《りゅうず》（吊り鐘をかけるための吊り手の部分）を鐘楼の梁《はり》に吊り下げておいて、鐘の下の土を掘ってゆけば、おのずから鐘を吊り下げることができるというのである。なるほどと感心した村の人たちが、いわれた通りにやってみると、見事に鐘を吊り下げることができた。しかし、そんな利口なこどもは将来なにをしでかすかわからない、というので、村人はそのこどもを殺してしまった。（牧田茂『人生の歴史』一九七六年、九一〜九二ページ）

話の真偽は分かりませんが、かつての村という「世間」がいかに強く横並びを志向していたのか、いかに強く同調を求めていたのかがよく分かる話だと言えます。では、非凡を否定する村のなかでは、具体的にどんな教育が行われていたのでしょうか。その内容について牧田は、「〝群れの教育〟のなによりの特色は『恥かしい』という気持を幼な心に植えつけることであった」（前掲書、九二ページ）と言っています。

たとえば、「幼いこどもがトンチンカンなことをいったり、したりすれば、親や兄姉ならば、それが間違いであることを指摘して教えてもくれるが、村の人たちはただ黙って笑うばかりである、意地のわるい近所の悪太郎たちなら、手を打ち、足をならして笑いこけることだろう。そういう笑いの鞭《むち》によって、こどもたちは村の一員として成長していった」（前掲書、九三ページ）と牧田は述べています。

間違った言動をする子どもに対して、周囲の人たち、すなわち「世間」は直接誤りを正そうとしません。ただ笑うことで本人に「恥ずかしい」という思いを抱かせ、それによって「世間」の規範を学ばせたということです。今日でも、しつけの場において「みんなに笑われるよ」という言い方がされますが、この言葉にも同様の意図が込められていると考えられます。

恥ずかしさを味あわせることで、一人前の「村人」に育てようとする群れの教育は、幼い子どもだけでなく大人に対しても行われました。牧田は、農作業の場における次のような事例を挙げています。

田植の時、一列になって苗を植えていくうちに、くるりと向きをかえたとたん、手のにぶい早乙女《さおとめ》〔田植えをする女性〕のひとりだけがポツンとみんなとちがった向きのままで残ることがある。それを「ツボに落とす」とか「棚に上げる」とかいったものだが、棚に上げられたりするような娘は嫁にもらい手がないなどといわれたくらいで、つらい思いをしたものである。（前掲書、九三ページ）

笑いによって恥ずかしさを味あわせるという仕打ちそのものは、今日的な視点で見るとイジメとしか思えないかもしれません。それでも、かつてはこうして同調の必要性を体感させ、横並びを求めることが、村という集団の秩序維持においては欠かせないと考えられていたのです。

昭和30年代の田植えの様子。このころの田植えはまだ手作業だった（写真提供：南あわじ市）

同調を強いる慣習

群れの教育では恥ずかしさを味あわせることで同調を促したわけですが、場合によっては、物理的な力が行使されるケースもありました。なかでも、「一番に人から憎まれるのは手前勝手と横着、自分さえよければという態度、人に迷惑を与えて顧みないという所行」（柳田、前掲「平凡と非凡」四四三ページ）でした。これらは、明らかに秩序を乱す存在と見なされます。こうした行為をする者に対しては、集団で暴力的な制裁が加えられました。

柳田は、この点について「以前の社会に於《おい》ては、此等《これら》の群〔れ〕の制裁は強いものであった。よほどの強情の者でもしまいには声をあげ、大抵は多数の平凡に屈服してしまった」（前掲書、四四四ページ）と述べています。村という「世間」には、時には暴力を伴う強い同調圧力があり、人々はその力のもとで集団の規範を学ぶと同時

昭和30年代の淡路島、昼下がりの農村の風景（写真提供：南あわじ市）

に、平凡をよしとする慣習を受け継いでいったわけです。

こうして、人々は周りから笑われたり暴力的制裁を受けたりしないような言動を心がけ、集団からはみ出さないように努めることを慣習として身に付けていきました。この慣習が、先に見た「同調不全」に対して恥ずかしさを強く感じる国民性を生み出した一因とも考えられます。

これまで見てきた事例から分かるように、村という「世間」のなかでは集団の秩序維持が重視され、なによりも平穏無事であることが求められていました。そこでは、秩序を乱す可能性のある要素、突出した存在は排除されていきます。好むと好まざるとにかかわらず、これが受け継がれてきた慣習であり、その慣習に異を唱えることも許されませんでした。村のなかで生きていくためには、これに従わざるを得なかったのです。

ただ一方で、秩序を守る必要性を感じない「世間」の外では、当然、周囲の人に対する同調志向はもたれません。「他人」に対して気遣いをする必要はないわけです。「世間」の規範が及ばない場所では、「手前勝手と横着、自分さえよければという態度、人に迷惑を与えて顧みないという所行」をしても制裁を加えられることはありません。

ここから、「旅の恥はかき捨て」という意識が表に出てきます。ウチでは礼儀正しい一方で、ソトでは傍若無人に振る舞う日本人の習性はこれまで見てきたとおりです。こうした点から、村という「世間」で生きる人たちが、決して本心から同調を志向していたわけではないことが分かります。言い換えれば、日本人の横並び志向は、日本人がもともともっていた気質というよりも、必要に迫られて選択してきたという側面が強いと考えられるのです。そして、それが慣習として今日まで受け継がれてきた、ということです。

横並び志向の心理

社会心理学者の山岸俊男氏（一九四八～）は、日本人の横並び志向を検証するため、日本人とアメリカ人を対象に心理学の実験を行っています。同じ色のペン四本と違う色のペン一本を用意し、その五本のなかから各自一本のペンを選ぶよう指示し、少数派と多数派のペンのどちらを選ぶかを調査するというものです。そして、さまざまに条件を変えて実験するとともに、その選択行動について質問を行っています（山岸俊男『日本の「安心」はなぜ消えたのか』二〇〇八年、参照）。

実験の詳細は割愛しますが、調査の過程で被験者に二つの質問がなされます。一つが、「多数派のペンを選んだ人と少数派のペンを選んだ人それぞれに〔あなたは〕どのような印象を覚えますか」というものです。この質問に対する日本人の回答からは、どちらの人に対してもその印象に大きな差は見られませんでした。

しかし、二つ目の質問「〔多数派のペン、少数派のペンをそれぞれ選んだ人に〕世間一般の人はどのような印象を持つと思いますか」という質問に対する回答からは、「多数派を選ぶ人のほうが好印象を持たれる」と考える人が多いという結果が得られました。

つまり、日本人は「自分個人の意見としては、少数派のペンを選ぶほうがいいじゃないかとたとえ思っていても、世間の人は少数派ペンを選ぶ人に悪い印象を持つだろうから、少数派ペンを選ぶのは止めておこうと考えている」（以上、前掲書、七三〜七五ページ）ということです。

ほかの人が少数派のペンを選ぶ人について、実際にどう思っているのかは分かりません。それぞれが、「少数派のペンを選ぶ人には悪い印象が持たれる」という思い込みを抱いているだけです。日本人が必ずしも本心で横並びを志向しているわけでないことは、この結果からもうかがえます。

こうした日本人の性向は、日常生活のなかでも感じられる場面があります。たとえば、ある集団のなかで組織改革を提案しようとする人に対して、「個人的には悪くないと思うけれど、ほかの人たちは反対するだろうから……」といった言い回しで、結果的に提案を思いとどまらせようとすることがあります。「ほかの人たちはたぶん現状維持を望んでいるだろう」という思い込みをもとに、改革に否定的な意向を示すのです。実際にほかの人が反対の意思をもっているのかどうかは分かりません。にもかかわらず、思い込みに過ぎないほかの人の意見を代弁するわけです。

こうして、集団の構成員が皆同様の思い込みをもつことにより、「反対」がいつのまにか組織全体の意見と見なされるようになっていきます。誰一人として明確に反対の意思表示をしていなくても、です。実際に「反対」と言う人がいないにもかかわらず、「反対」が組織の意見となって独り歩きをはじめてしまう。この「顔の見えない意見」が、いわゆる「空気」です。今日、その場に応じた言動ができない人に対しては、よく「空気を読め」といった言い方がなされます。この空気が集団内に充満してくると、個人に対する同調圧力も強くなっていくのです。

「世間」とマナー・モラル

「世間」が日本人の行動に大きな影響を与えてきたことについて見てきましたが、この文脈から再度マナー・モラルについて考えていきます。

かつて、日本に住む一般庶民の大半は、自分の村からほとんど外に出ないという生活を送っていました。仕事を含めて、日常生活を送る場が特定の村社会にかぎられていたため、当然のごとく人間関係も固定的になります。

日常的にかかわるのは、同じ家で暮らす「身内」と、同じ村に暮らす「せまい世間」に限定されます。多くの場合、「他人」と接触する機会もかぎられていました。人々は常に「せまい世間」の目にさらされ、そこにある規範に従っていました。これまでの事例で見てきたような農村の様子が日常の光景だったのです。

人間関係においては、互いに礼儀正しく振る舞うことが当然とされました。そこでマナー・モラルに反する行動をすれば、場合によっては制裁の対象にされてしまいます。村落共同体という「せまい世間」のなかで生きていくうえで、マナー・モラルを守ることはごく当たり前のことだったわけです。日本人は外国人から、礼儀正しい、あるいは律儀といった特徴をよく指摘されてきました。先に述べたとおり、それはもともとの気質というより、「世間」のなかで培われてきた慣習としての側面が大きいと言えるのです。

　このことは、「世間」の外に出た際に明らかになります。お伊勢参りや湯治《とうじ》(2)などで一歩村の外に出れば、そこに「世間」の目はありません。傍若無人な行動をしてもお構いなしの状態になります。「世間」の目があるなかではマナー・モラルをしっかり守っていても、周りが「他人」だけになるとこれを守ろうとする気持ちを失っ

昭和30年代、荷物を背負ってバスを待つ人。このころはまだ自家用車の普及率は低かった（写真提供：南あわじ市）

てしまうのです。そして、旅先でマナー・モラルに反する行動をしていた人たちは、村に帰れば元どおり礼儀正しい人に戻るわけです。この点についても、すでに見てきたとおりです。

こうした庶民の生活は、近代以降、徐々に変化の波にさらされていくことになります。交通手段・通信手段が発達するにつれて、村という「せまい世間」以外の人と交流する機会も増えていきました。また、進学や就職、あるいは軍への入隊などによって村の外に出る人も多くなりました。

近代化による変化は、都市部でさらに顕著に現れました。各地から大勢の人が集まり、「他人」がひしめき合うようになります。これまで自分の「世間」しか知らなかった人も、都会を訪れることでいやが上にも多くの

（２）療養のために温泉地で長期滞在すること。

昭和20年代後半、大阪市中央区丼池《どぶいけ》筋の繊維問屋街の様子。昭和40年ごろまで大阪市の人口は増え続け、街は活況を呈した（出典：『大阪懐古』４～５ページ）

「他人」と接触するようになります。当然、さまざまな軋轢が生じることになります。列車の中、公園、路上など公共の場で、マナー・モラルに反する行為が繰り広げられるようになりました。

これまでに見てきた事例から、「世間」は人々の生活を息苦しくしていた前近代的なものというマイナスイメージを強くもたれたかもしれません。ただその一方で、特定の集団内におけるマナー・モラルに反する行為を抑制してきたという側面があったことも事実です。「世間」に関する多くの著作がある佐藤直樹氏（一九五一〜）は、「世間」の影響力について次のように述べています。

日本人は世間からつまはじきにされることをもっとも恐れる。日本の犯罪率が西欧諸国に比べてあきらかに低いのは、それをおかすことが法律に違反する、つまり違法だからと考えられるからではなく、犯罪をおかし警察につかまることで（裁判所で有罪になること、ではない）「世間」から排除されることを恐れるからである。（佐藤直樹『「世間」の現象学』二〇〇一年、一四九ページ）

法律よりも「世間」を恐れるというメンタリティーが犯罪抑止につながっているということです。マナー・モラルについても同様のことが言えるでしょう。

昭和二〇年代から三〇年代にかけては犯罪が多発し、マナー・モラルに反する行為が横行していました。そうした悪い状況が時代とともに改善してきたことは先に見てきたとおりですが、この大きな変化を「世間」という文脈で考えるとある仮説が立てられます。

すなわち、日本人のマナー・モラルが向上したのは、日常生活圏外においても周りの人を「他人」でなく「世間」ととらえるようになったからではないか。時代とともに、これまで「他人」としか考えられなかった人を「世間」と認識するようになり、その目を意識するようになったからではないか、というものです。

言い換えると、日本人の認識する「世間」が拡大したことによって、マナー・モラルも向上したのではないかと考えることができます。ただ、「世間」が拡大したといっても、それぞれの知人の数が飛躍的に増えたと考えるのには無理があるでしょう。そうなると、広がったのは「せまい世間」ではなく「ひろい世間」ということになります。阿部謹也の言う「将来利害関係を持つであろう人々」の幅が広がったのです。今は知り合いではないが、この先、仕事、趣味、居住地などさまざまな場面で知り合う可能性があると思われる人が増えたということです。

このように考えると、先に見た花見会場における変化も「世間」というキーワードから読み解くことができます。

第2章で見たとおり、昭和三〇年代ごろまでの花見会場では、多くの人が傍若無人な振る舞いをしていました。同じ花見会場を訪れたほかの花見客を「他人」と認識していたわけです。しかし、「ひろい世間」が拡大したことにより、ほかの花見客が「ひろい世間」として認識されるようになりました。その結果、桜の枝を折るという「世間」の目に触れるような行為、酔って周りに迷惑をかけるといった「世間」に害を及ぼすような行為が減少した一方で、ゴミをこっそり放置してその場を立ち去る、もしくはほかの人が置いていったゴミに紛れるように自分のゴミを置いて帰るといった、「世間」の目が届かない場所における行為はなかなか改善しなかった、ということです。

これまで「他人」であふれていた公共の場が「ひろい世間」の集まる場となったことにより、その目が注がれるような行為には自制心が働き、目が届かない所での行為には抑制する力が働かないという状況が生まれたのです。

4 「世間」拡大の理由を探る

生活圏の広がり

日本人のマナー・モラルが向上したと言える昭和三〇年代から四〇年代にかけての時期に、

人々の「ひろい世間」が拡大したとするなら、その背景には何があったのでしょうか。再度、この時期の歴史を振り返ってみます。

一九五五（昭和三〇）年の時点において、日本の労働者の多くは農業に従事していました。産業別就業者数を比率で見ると、第一次産業が四一・二パーセントを占め、第二次産業の二三・四パーセント、第三次産業の三五・五パーセントを上回っています（総務省「国勢調査」より）。まだこのころまでは、先の事例で見てきた農村のような社会環境で暮らしていた人が多くいたと考えられます。

そしてこれ以後、高度経済成長が進展するなかで、第一次産業従事者は次第にその割合を減らしていきました。同時に、都市化の波が日本の隅々まで及んでいきます。その流れを加速させたのが、交通手段・交通網の急速な発達です。新幹線の開業、マイカーの普及、一般道の舗装整備、高速道路の開通など、その進展は目覚ましいものでした。

前述したように、日常生活が村社会の内側でほぼ完結していた時代における人間関係は、同じ村に住む人たち、すなわち「せまい世間」にほぼかぎられていました。そうした閉鎖的な社会環境において、人々が村の外の人間を「他人」と認識してしまうことはむしろ自然なことでした。しかし、交通手段が発達し、交通網の整備が進むにつれ、閉ざされていた社会環境に徐々に変化の波が押し寄せます。この動きは、経済成長に付随して一気に加速していきました。

人が村の外へ出る機会が増える一方で、村のなかへ「他人」が入ってくるケースも多くなっていきます。人の動きが活発になるにつれて、これまでほとんど顔見知りだけとしか接触していなかった人たちに、顔も名前も知らない人とかかわる機会が増えていったのです。人々は、それまで自分とはかかわりがないと思っていた「他人」に対して関係性を意識するようになっていきました。そして「他人」が無意識のうちに「ひろい世間」の内側に取り込まれていったわけです。この社会環境の変化が、多くの日本人に「ひろい世間」の拡大をもたらした一つの要因だと考えられます。

こうした変化は、たとえば人々の消費行動のなかで見ることができます。

かつて現金収入の乏しかった農村の人々は、

未舗装の練馬区笹目通り。当時は、車が巻き上げる砂埃も問題視されていた（1955年）（写真提供：練馬区）

半自給自足の生活を送っていました。自給できないモノの多くは、特定の店や行商人をとおして手に入れていました。村外へ移動する機会が少ないなか、モノは直接的な人間関係をとおして手にすることが基本となります。しかし、時代が進むにつれて人々の生活圏が広がり、モノを手に入れる機会も多様化していきました。昭和三〇年代に入ると、その広がりはさらに速度を増していきます。

日本では、昭和三〇年代ごろにスーパーマーケットが登場しています。一九五六（昭和三一）年に西武ストアー（現・西友）、その翌年にダイエーがそれぞれ営業を開始し、一九五八（昭和三三）年にはヨーカ堂（現・イトーヨーカドー）が設立され、一九六一（昭和三六）年にはレギュラー・チェーン化に着手しています。

昭和20年代後半、大阪市中央区丼池《どぶいけ》筋の繊維問屋街の様子（出典：『大阪懐古』12ページ）

モノを購入する際、近所にある個人経営の店ばかりに通っていれば、店で応対してくれる人はいつも同じ顔ぶれになります。当然、顔なじみからモノを買っているという意識が強くなるでしょう。しかし、チェーン展開しているスーパーへ行くようになれば、その意識は薄くなります。ここでは、店員は顔も名前も知らない人ばかり、といったケースが当たり前と言える状態です。

顔なじみでないから信用できない、知らない店員ばかりだから傍若無人に振る舞う、といった態度ではモノを手に入れることができません。すでに、自分の日常生活を支えるうえで、そうした顔見知りでない人たちの存在が欠かせないものとなっているのです。顔も名前も知らない多くの他者によって日常が支えられていることを人々が自覚するようになったことも、「他人」の「ひろい世間」への転化を促したと考えられます。

マスメディアの影響

他者との直接的な接触だけでなく、マスメディアによって間接的に得られる他者との関係も、「ひろい世間」の拡大をもたらしたと言えます。「世間」が拡大していったことについて、前掲の井上忠司氏は次のように述べています。

交通・通信技術とマスメディアの発達によって、「世間」は飛躍的に拡大した。とりわけマスメディアの発達は、「世間」をいちじるしく拡大させるに役立った。ために、今日では、「セケン」と「タニン」ないしは「ヨソのヒト」とのあいだの境界線が、かなりあいまいとなってきていることは、否定できない。逆にいれば「タニン」ないしは「ヨソのヒト」の世界が、タニンのままにとどまらないで、「セケン」となりうる機会が、大はばにふえているのである。（井上、前掲書、一三九ページ）

井上氏は、交通・通信技術の発達に加えて、マスメディアも「世間」の拡大に寄与したと述べています。マスメディアの発達に関して、昭和三〇年代から四〇年代の時期に注目したとき、急激に影響力を増したものとして真っ先に挙げられるはやはりテレビです。三〇年代に入った段階ではまだラジオも強い影響力をもっていましたが、テレビが伸張をしはじめると、相対的にその力を減じていきます。

前述したように、日本では一九五三（昭和二八）年にテレビの本放送がはじまりました。この年の二月一日、NHKが放送をスタートさせ、続いて民放各社も次々と放送を開始していきます（一三〇ページの写真参照）。

以後、テレビは急速に普及していきました。東京オリンピックが開催された一九六四（昭和三九）年の時点で、世帯普及率は九〇パーセントに達していました。一方ラジオは、一九二五（大正一四）年に放送がはじまって以後普及が進み、昭和三〇年代に入るまで徐々に受信者数を伸ばしていきましたが、テレビが登場すると一気にその地位を追われていきます。

広告費で見ると、ラジオは昭和二〇年代後半から高い伸びを見せましたが、後発のテレビはそれを凌ぐ勢いで伸張していきます。一九五六（昭和三一）年時点で、ラジオ一三〇億円に対してテレビは二〇億円でしたが、一九五九（昭和三四）年には、ラジオ一六二億円に対してテレビは二三八億円となっています（日本民間放送連盟放送研究所編『ラジオ白書』一九六四年、参照）。民放の放送開始からほんの数年で、テレビはラジオを追い越したわけです。新聞のテレビ欄も、ちょうどこのころにテレビとラジオのスペース配分が逆転しています。

昭和三〇年代以降、テレビは多くの日本人を釘付けにしていきました。プロレスの力道山、ボクシングのファイティング原田など、ブラウン管をとおして見るヒーローに人々は熱狂しました。こうしたスポーツ中継を中心に、歌番組や子ども向け番組など高視聴率を上げる番組が数多く見られました。近年では、サッカーワールドカップの中継における高視聴率が注目されましたが、昭和三〇年代から四〇年代には、それに並ぶ視聴率を獲得する番組が多くあったのです。

テレビの急速な普及により、学校や職場、地域などで、テレビ番組が人々の共通の話題に上ることが増えていきます。まったく面識のない人同士でも、テレビ番組の話をきっかけにして打ち解けるといったケースも多くなっていきました。日本語という一つの言語を使ったテレビ番組が広い地域で視聴できるようになったことで、まったく面識のない人たちがテレビをとおして同じ時間を共有し、ともに感動や驚きの声を挙げられるようになったわけです。

また、国内向けニュースや天気予報など、視聴覚をとおして同一の情報を共有できるようにもなりました。テレビの普及によるこうした変化も、人々の「ひろい世間」の拡大に寄与したと考えられます。

ナショナリズム研究で知られる政治学者のベネディクト・アンダーソン（Benedict Richard O'Gorman Anderson, 1935～2015）は、その著書『想像の共同体』のなかで、印刷技術の発達がナショナリズムの発展に大きな役割を果たしたと述べています。つまり、特定の言語で記された書物が大量に印刷され、流通することで、各個人が会ったこともない人々と同じ共同体（国家・民族）に属しているという感覚を生み出したということです。

アンダーソンは、「人間の言語的多様性の宿命性、ここに資本主義と印刷技術が収斂《しゅうれん》することにより、新しい形の想像の共同体の可能性が創出された」（アンダーソン『増補　想像の共同体』一九九七年、八六ページ）と述べ、以後世界各地で「国民」が生み出されていったとしています。

さらに、テレビというマスメディアの登場は、国民意識をより強固なものにしたと考えられます。読み書きのできない人を含めた幅広い層に情報を伝えられる点、そして視覚と聴覚に直接訴えるインパクトという点で、印刷物を凌駕《りょうが》していることは明らかです。テレビの力によって、遠く離れた場所に自分と文化を同じくする人がいることをあらためて自覚し、顔見知りでない人たちと常により多くの情報を共有することが可能になりました。これが、国民としての一体性を高めたと考えられるわけです。この「国民」を「ひろい世間」に置き換えても同じことが言えるでしょう。

経済成長と購買意欲の増長

テレビが存在感を急速に高めた昭和三〇年代から四〇年代のかけての時期は、日本が飛躍的に経済発展を遂げた時期と重なります。所得が増えるにつれて人々の購買意欲も高まっていきました。同時に、テレビなどマスメディアをとおして発信されるコマーシャルが、さらに意欲をかき立てました。昭和三〇年代前半に、白黒テレビ、洗濯機、冷蔵庫が「三種の神器」として宣伝されたのに続き、後半以降は、カラーテレビ（Color television）、クーラー（Cooler）、自動車（Car）が「新・三種の神器」あるいは「3C」とされ、購入が促されました。

先の岩手の事例では（一七六～一七七ページ参照）、周りの家が購入しているという理由で、村人がとくに好きでもないラジオを買っていました。「三種の神器」や「新・三種の神器」が普及していった背景にも、これに近い横並びの心理が働いていたと言えます。

いずれも、今でこそ生活に欠かせないモノととらえる人が大半でしょうが、当時はまだ「生活必需品」とまで言えるものではありませんでした。今の生活にどうしても必要というわけではないが、豊かになった証しとして、これらを購入する人が多かったのです。

そうした豊さの象徴としてのモノを手に入れることで、自分が日本という「ひろい世間」において、「世間並み」の生活水準に達したことを自覚しました。モノが本当に必要か否かではなく、モノを所有することこそが「世間」のなかで安定した位置にあることを確認する術《すべ》でもあったのです。かつては村という「せまい世間」を対象に横並びを志向していた意識が、日本という「ひろい世間」を対象とするようになったということです。

劇作家で評論家の山崎正和氏（一九三四〜）は、『柔らかい個人主義の誕生』（一九八五年）のなかで、一九六〇年代に日本が世界第二位の経済大国という大きな目的を達成したことで、国民の多くは自分たちの勤勉な生活態度に自信を深め、かつそれが自分自身の家計をも豊かにした事実を見て満足を味わっていたと述べたうえで、次のように論じています。

「経済大国」の建設は、五〇年代に提唱された「所得倍増計画」と表裏一体の関係にあったからで、これがともに実現された六〇年代ほど、ひとつの目的のもとに国家と個人が一体化した時代はなかった、と見ることができる。（前掲書、一二一ページ）

さらに、「かうした事件や行事（沖縄返還の成功や東京オリンピック）は、これまた全国的な情報媒体であるテレビによって報道され、国家は文字通り、国民の肉眼に見えるかたちでその存在感をあらはしたのであった」（前掲書、二三一ページ）と述べています。

戦後の復興を終え、「追いつけ追い越せ」というスローガンのもとで先進国の仲間入りを目指して邁進してきた日本人は、その目標の達成によって自らと国家を重ね合わせ、またテレビの報道に触れるなかで国家の存在を明確に意識するようになったということです。

国家との一体化、国家に対する意識の強まりは、「ひろい世間」の拡大と軌を一にしています。一九六〇年代（昭和三〇年代後半から四〇年代にかけて）の経済発展は、日本という大きな枠組みを人々に意識させ、同時に「ひろい世間」をその枠全体に押し広める役割を果たしたとも言えます。

また、所得を増やし、さまざまなモノを手に入れ、「中流意識」[3]を抱く人が増えていったこともこの時代の特徴です。「中」といっても、実際どのくらいのレベルを指すのか、明確な定義はありません。言うまでもなく、「中流意識」とは主観的な判断によるものです。かつての村社会のように、他人の家を常に意識し、同等の生活レベルであることをよしとするといった強い横並び意識まではなかったにせよ、人々が「ひろい世間」のなかで「世間並み」であることを認識することによって安心感を得ることができたのです。

礼儀正しさの拡大

昭和三〇年代以降の日本では、交通手段・交通網の発達、テレビの普及、そして経済発展に伴う中流意識をもつ層の増加といったさまざまな社会変化が起きました。こうした劇的な変化が、日本人に「ひろい世間」の拡大をもたらしました。人々が「世間」に対して強く意識を向けるというメンタリティーは昔から変わっていませんが、意識を向ける「世間」自体が拡大していったのです。これまで自分の住む村などかぎられた範囲にしか及ばなかった意識が、いつの間にかきわめて広範囲に及ぶようになっていったということです。

これにより、行列を押し退けて列車に乗り込む、酒に酔って騒ぐ、暴力を振るうといった「他人」に対する迷惑行為に自制が働くようになりました。公共物を壊す、ゴミを放置するといった行為も、「ひろい世間」の目を意識することで躊躇《ちゅうちょ》されるようになっていきました。また、会合に何時間も遅刻するという、「ひろい世間」では到底容認されないような慣習は淘汰されていきました。「ひろい世間」の拡大は、同時にマナー・モラルの向上をもたらしたのです。

もっとも、交通手段・交通網の発達やテレビの普及は諸外国においてもあることです。マスメ

---

(3)　もとは中流階級への帰属意識を指す言葉だが、ここでは生活が「世間並み」という、戦後日本において一般に考えられている意味合いになる。

ディアによって国民統合が進んだのは、日本に限定される話ではありません。また、中流意識をもつ層が多いのも日本にかぎったことではありません。こうした外国でも見られる変化を単純に戦後の日本社会の動きと同列にとらえると、日本以外の国でも同様にマナー・モラルが高まったのか、という疑問がわいてきます。しかし、この点に関しては、日本と諸外国の間には一線を画しておく必要があります。

日本の場合は、単に社会や国民の意識に変化がもたらされただけでなく、同時に周囲の目を意識する「世間」の拡大という特徴的な変化も伴っていたのです。すでに見てきたように、「世間」の内側では近代以前から集団の秩序維持を重視し、同調を志向し、そして礼儀正しさを当然のことと認識する慣習・文化が共有されてきました。そうした素地があったからこそ、「ひろい世間」の拡大によってマナー・モラルのよさが広がったと考えられるのです。

5 現代日本の「世間」を考察する

「せまい世間」の流動化

前節では、戦後「ひろい世間」が拡大したことによって日本人のマナー・モラルが向上してきたことを見てきました。その一方で、「せまい世間」も戦後大きな変化を遂げています。その変化もまた、日本人のマナー・モラルに大きな影響を与えているのです。

かつての日本では、多くの人が顔見知りばかりの「せまい世間」のなかで生活していました。所属集団の村落共同体が、準拠集団たる「せまい世間」とほぼ一致していたわけです。近代化が進むと同時に、進学、就職、あるいは軍への入隊によって「せまい世間」の変化を経験する人も増えましたが、それが実生活の範囲と基本的に一致している点は変わりませんでした。通っている学校、勤めている職場、住んでいる地域をベースとして、そこに関係する外部の人、あるいは過去に所属していた組織などに「せまい世間」の範囲は限定されていました。誰がどういった「せまい世間」に属しているのかを、周りの人が特定することは比較的容易でした。

しかし戦後、交通手段、通信手段の発達が大きな変化をもたらしました。遠く離れた場所への移動や遠隔地の人との交流が容易にできるようになると、各個人の「せまい世間」も広がりを見せるようになったのです。郊外に住んでいながら都心部へ通勤・通学することで、一日の大半を居住地外で過ごす人が増えていきます。同時に、これまでは会う機会がかぎられていた遠隔地の友人とも、比較的簡単に会うことができるようになりました。さらに、さまざまな通信手段を使って、遠く離れた場所に住む知人と日々交流する人も増えました。近年、携帯電話、インターネットの普及とともに、この傾向はさらに強まっています。

このような変化によって、すぐ近くに住む人がまったく異なる「せまい世間」に属しているというケースも珍しくなくなりました。都会のマンションに住む人が隣の人の顔や名前を知らないという事例は、今日ではとくに珍しいことではありません。ほんの数メートルの距離を隔てた場所で暮らしている人が、かぎりなく「ひろい世間」に位置づけられているのです。なかには、隣人をすでに「他人」としか認識していない場合もあるでしょう。

戦後、人々のライフスタイルが多様化したことも「せまい世間」の流動化を促しました。居住地、学校、職場といった既存の枠を飛び越え、それぞれが個々の「せまい世間」をもつようになっていったのです。

高度経済成長期には、画一的な商品を大量に生産し、メディアを通じて大量消費を促すマス・マーケティングが盛んに行われました。その後、市場が成熟し、さらに消費者のニーズが多様化していくのに伴い、ターゲットを絞り込んで商品プロモーションを行う、セグメント・マーケティングが進められるようになりました。こうした市場の変化が、「せまい世間」の流動化をもたらします。同じファッションを好む人同士、特定のスポーツを楽しむ人同士、特定の歌手やタレントに熱狂する人同士など、趣味や好み、あるいは世代を通じて、物理的な距離をまったく問わない形で個々人のつながりが意識され、より個別化した「せまい世間」が形成されるようになっていったのです。

人は「世間」に対して行動の規範を求めます。なかでも、「ひろい世間」よりも自分により密接した「せまい世間」の規範のほうを重視します。異なる「せまい世間」をもつ人が混在する現代社会では、当然、そこに軋轢《あつれき》が生じる可能性も高くなります。周囲の人を「他人」と認識する人の多かったかつての日本同様、「せまい世間」の多様化も、またトラブルの原因になる可能性を秘めているのです。

若者の行動と「世間」

近年、車内や駅などの地べたに座り込んでいる若者、あるいは車内で化粧をしている女性に対して、周りの人が眉をひそめるというケースが増えています。(4) こうした若者に対して、「最近の若者は恥の感覚を失っている」あるいは「もはや若者に対して世間の常識は通用しなくなった」という指摘をする人もいます。しかし、こうした意見が的を射ているとは思えません。

まず大前提として、いずれのケースも若い世代の一部にかぎられるということは頭に入れておかねばならない。

---

(4)　ポーラ文化研究所の調査（二〇〇八年二月発表）によると、若い世代ほど電車内でのメークに対して抵抗を感じる人が少ないという結果が出ている。実際にした経験がある人は、二〇代後半では四三パーセントであるのに対し、四〇代以上は一割以下にとどまる。ただ、車内で化粧をする女性はすでに昭和初期の段階で見られ、それを問題視する意見も出されていた。決して、最近にかぎって見られる現象でないことは留意しておきたい。

きたいところです。同時に、彼ら彼女らも、「世間」に対する意識や恥の感覚をもっていることは事実なのです。ただ、批判的な目を向ける人たちとの間に感覚的なギャップがあることは確かでしょう。そのギャップが生じているところが「せまい世間」なのです。

そうした行動をする若者は、自分たちにとっての「せまい世間」を強く意識しており、そのなかの規範に沿って行動しています。地べたに座る若者は、彼らの「せまい世間」の規範ではそうすることが許容範囲内にあると認識しているわけです。つまり、地べたに座ることは彼らにとっては「普通」の行為であり、逆に、仲間と同じように座らないことのほうが、むしろ「恥ずかしい」ことになりうるのです。

車内で化粧をする女性も同じです。化粧の場合は、仲間同士が集まってすることはあまりありませんが、彼女たちの「せまい世間」の規範においては、この行為も許容されていると言えます。もちろん、許容といっても、彼女らが主観的にそう認識しているだけのことですが……。「せまい世間」で許容されていると信じているがゆえに、「ひろい世間」に批判する声があっても、彼女たちは気にとめることがないのです。

ほかにも、批判的な目が向けられがちな若者の奇抜な服装についても同様に考えることができるでしょう。彼ら彼女らの「せまい世間」では、奇抜な服装がむしろスタンダードであり、逆に「きちんとした服装」や「まじめな服装」のほうが恥ずかしいことなのです。

そうした若者らに対して、周りの人を「他人」としか見ていないという分析も多くなされています。しかし実際は、必ずしも周りを無視して傍若無人に振る舞っているわけではありません。彼ら彼女らは、自分の行為が自身の認識する「せまい世間」において許容されていることだと判断しつつ、同時に、周りの人たちには迷惑をかけていないと考えています。決して周りの人を「他人」と見なしているわけではなく、少なくとも「ひろい世間」としては認識しているのです。

列車の床に座っている若者の多くは、通路や出入口付近に陣取っていても、扉が開いときや通行する人の邪魔になると感じたときには、指摘されなくても身体を壁に寄せるなどして、少なからず配慮する姿勢を見せます。また、車内で化粧をする女性のなかで、あからさまにスプレーを使ったり、化粧道具を広げて座席を占領するといったケースは稀《まれ》でしょう。

それゆえ、もし地べたに座ったり車内で化粧したりしている人に対して注意をしたら、おそらく「誰にも迷惑をかけていない」といった答えが返ってくるでしょう。それはつまり、彼ら彼女らなりに、周囲（「ひろい世間」）に対して一定の配慮をしているということです。

「その程度の配慮は当たり前だ」と思われるかもしれません。でも、かつての日本には、周りに配慮するということをまったく意識していない人が少なくありませんでした。たとえば、列に並んで列車を待っている人がいるにもかかわらず、それを押しのけて我先に車内へ乗り込む人。列車が到着すると窓から車内へ乗り込んで席を占有する人。車内にポータブルラジオを持ち込んでイヤホンを使わずスピーカーで聴く人。混雑した車内で座席に荷物を置き、それを枕にして横になる人。海水浴場近くの駅で濡れた水着とサンダル姿で電車に乗る人。すぐ隣に人が座っているにもかかわらず新聞を横いっぱいに広げて読む人。そして、車内に一升瓶を持ち込んで仲間と酒盛りをして騒ぐ人など、傍若無人な行為が列車の内外にはびこっていました。

いずれも昭和二〇年代から三〇年代に見られた光景です。贔屓目《ひいきめ》に見ても、こうした人たちの行動に、周りの人に対する配慮を感じることはできません。彼らの口から「誰にも迷惑をかけていない」という言葉が発せられるとは考えにくいでしょう。明らかに、ほかの乗客を「ひろい世間」でなく「他人」と認識していると言えます。

地べたに座り込んでいる若者や車内で化粧をしている女性が、もし周りにいる人たちを「他人」としか見ていないのならば、昭和二〇年代から三〇年代の事例のように、もっと堂々と傍若無人な振る舞いをすると考えられます。

また、かつては乗客のマナーの悪さを注意した駅員や乗務員、あるいはほかの乗客が暴力を受けるという事件が珍しくありませんでした。今日では、そもそも注意する人が少なくなっているという事情もあるでしょうが、注意した人が暴力を振るわれる事件は以前に比べるとかなり少なくなっています。

現在でも、車内でマナー・モラルに反するような行為をする人が後を断たないのは事実です。

しかし、昔のように、周りの人をただの「他人」と思わなければできないような行為をする人は珍しくなったと言えるでしょう。すでに見てきたように、「ひろい世間」の拡大に伴い、周囲の人をまったくの「他人」と認識する人は減ってきています。これは、もちろん若者世代にも当てはまります。

若者たちの「せまい世間」の規範は、同世代のなかで継承されてきたものや、マスメディアがもたらしたものなど起源はさまざまですが、時代とともに変化しています。同様に、若者自身も成長とともに「せまい世間」を変化させています。車内で地べたに座ったり化粧をしたりしていた若者も、やがて新たな「せまい世間」の規範を重視するようになり、こうした行為からは遠ざかることでしょう。そして、社会に出て多くの人とかかわるようになれば、「ひろい世間」に対する意識も強まっていくと考えられます。

その一方で、次の若い世代がまた同様の「せまい世間」を形成し、車内での地べた座りや化粧をするかもしれません。そして、上の世代へ移行した人たちがそうした若者の行動を苦々しく眺めるという構図が繰り返されていくのです。

6 「世間」の負の側面を見る

「世間」によるバッシング

「ひろい世間」の拡大は日本社会にマナー・モラルの向上というメリットをもたらしたわけですが、同時に、「世間」に内在する負の側面の拡大ももたらしました。これまで村社会などかぎられた範囲で起きていた事象が、日本という広い枠組みのなかで起こるようになったのです。

日本では、「世間」の規範に反する行為をしたとされる人に対して、「世間」がバッシングを行うというケースがよく見られます。村社会における事例は先に見てきたとおりです。たとえ社会のルール・法律上は問題にならない行為であっても、それが「世間」の規範に背くものであればバッシングの対象とされるのです。

「世間」の人々は、同じ「世間」に属する人であれば、当然のごとく、自分と同じ規範を共有していると考えます。それに反する行為は、集団の秩序を乱すものと見なし、許容することはありません。「世間」にとって、集団の秩序・安定は絶対に乱されてはならないものなのです。ゆえに、規範に背いたとされる人に対して制裁を加えることは当然と考えられるのです。

なかには、罪を犯したとされる人に対し、裁判でまだ判決が下されていないにもかかわらず、

「世間」の人々がその人を「罪人」と見なしてさまざまな私的制裁を加えることがあります。言葉による非難にとどまらず、露骨な差別、嫌がらせ、あるいは直接危害を加えるといったレベルにまでエスカレートする事例も少なくありません。さらに、規範に背いた人に対するバッシングは、その家族にまで及びます。「世間」においては、規範に背く行為をした人の血縁者も連帯責任を負うべきだとされているのです。

バッシングに加わる人は、直接なんらかの被害や悪影響を受けた人とはかぎりません。その行為から直接影響を受けたり、行われる現場を目撃したりしたかどうかにかかわらず、同じ「世間」に属している人はすべてが関係者であり、規範に背いた人間をバッシングの対象と認識します。「ひろい世間」の拡大に伴い、こうしたバッシングがより広範囲で行われるようになりました。もちろん、実際に行為に及ぶ人はごく一部ですが、メディアの発達により規範に背いたとされる人の名前や顔が広いエリアに知れわたり、顔見知りでない「ひろい世間」がこのバッシングに加わるようになったのです。

こうした動きは、インターネットの普及によってさらにエスカレートしました。プライベートな情報をネット上に公開したり、それを見た別の人が、さらに別の手段で私的制裁が加えたりするというケースは後を絶ちません。現在では、それらの出来事をテレビのニュースやワイドショーが報じることで、さらにあおられるといった状況も生まれています。

「マナー・モラルに反する行為」が海外で行われたものであった場合はどうでしょうか。仮にそのような行為が伝えられたとしても、日本国内においては、その行為者をバッシングしようとする動きは現れません。入ってくる情報がかぎられることや言葉の壁もありますが、何よりも行為者が「世間」の枠外にいる人であることがバッシングの対象にならない大きな理由です。相手が自分と同じ「世間」に属する人でなければ、自分たちの関心は強く及ばないのです。「世間」の外にいる人は、結局「他人」にすぎないということです。

バッシングを行う人のほとんどは匿名です。自分の身元を明らかにしようとする人は稀《まれ》でしょう。彼らは、「個人」ではなく「世間」としての立場を貫こうとします。「世間」を笠に着て、「世間」の代弁者として規範に背いたとされる人をバッシングします。そこにおいて「個人」である必要はありません。バッシングの対象とされた人は自分と同じ「世間」に属しているので、当然、自分が正しいと信じる規範を共有しているはずだと考えます。ゆえに、そのモラルに反した者は糾弾されてしかるべき、という理屈なのです。

しかし、そうしたバッシングを行う人たちが、もし「個人」として規範に背いたとされる人と対峙《たいじ》することになったら、同じように糾弾の声は上げないでしょう。少なくとも、その可能性が高くなるはずです。なぜなら、「個人」の立場で発した声に、もし「世間」の規範に合致しない部分があった場合、逆に自分がバッシングされる恐れがあるからです。「世間」という立場であれば自分は正論を述べる多数派であると思い込んで強気な行動に出られますが、「個人」になると、その人も「世間」の目に対して腰が引けてしまうのです。

「ひろい世間」が拡大したことについては、むしろこうした負の側面に関する事例のほうが身近に感じるという方が多いでしょう。いずれにせよ、「ひろい世間」の拡大は、人々のマナー・モラルの向上に寄与したプラスの側面がある一方で、バッシングの拡大というマイナスの側面があることも注目しておきたいところです。

企業不正の背景

「ひろい世間」が拡大する一方で、「せまい世間」の規範ばかりにとらわれることによって生じる問題もあります。企業不正がその典型的な事例と言えるでしょう。企業という「せまい世間」に属する人は、当然、その内部の規範を重視します。そうしたなかで、自分たちが従っている規範と「ひろい世間」の規範との乖離《かいり》に気付かないという場合があります。書類の改ざん、データの偽装、不正経理など、法律に触れる行為であっても、習慣として長年続けられてきたことは「せまい世間」の規範で許容されていることだから問題はない、と考えてしまうのです。

当事者は、ただ日常的に当たり前とされる行為をしているだけ、という認識しかもっていないかもしれません。しかし、実はそれが「ひろい世間」の規範に反するものだったということが明らかになり、場合によっては犯罪として処罰されるわけです。

企業が不正の事実を長年隠蔽《いんぺい》し、それが明るみに出たという事件は、現在もたびたびニュースで耳にします。このとき、その企業の行いが一般社会の常識とあまりにもかけ離れてしまっているという事実に驚かされるケースも少なくありません。

明らかに社会のルールに反する行為であるにもかかわらず、企業内の誰もそれにストップをかけなかったという事例や、隠蔽を重ねれば重ねるほど発覚したときの企業へのダメージが大きいと気付いていながら誰もそれを表に出さなかったという事例など、「せまい世間」に目が向きすぎていると、不正を不正として認識できなくなってしまうのです。企業という「せまい世間」に潜む、悪しき体質とも言えます。

逆に、企業をリードする立場にある人、あるいは個々の社員が「ひろい世間」を意識し、「せまい世間」の誤った規範を正そうという企業風土がある場合は、不正は起こりにくいでしょう。

不正の抑止には、企業に属する一人ひとりが企業という「せまい世間」に身を置きながらも、「ひろい世間」に意識を向けられるという状態が必要となります。企業の不正防止に向けては、社外取締役の導入などチェック機能の強化が進められていますが、こうした取り組みによって、組織が「ひろい世間」に対してどれだけオープンになっていくかが重要なところです。

若者が起こす問題

二〇一三年に盛んに報じられた、SNS（ソーシャル・ネットワーキング・サービス）への不適切な投稿写真の問題も、当事者が「せまい世間」にとらわれすぎて、「ひろい世間」の目を認識できなかったことが背景にあると言えます。

当時、コンビニエンスストアの店員が店の冷蔵庫に入ったり、ピザ店の従業員がピザ生地を顔に貼り付けたりした写真をSNSに投稿する事例が相次ぎ、大きな問題になりました。そうした不適切な行為に手を染めた若者たちは、仲間内で注目を集めることこそが重要であって、それが社会にどんな影響を与えるかにまでは考えが及びませんでした。

「世間」の文脈で見てみると、まず彼らは、自らの「せまい世間」における規範ではそうした行為は許容範囲内であると判断していたと言うことができます。しかし、「ひろい世間」においては明らかに規範に背く行為であり、批判を招くに至ったということです。

本人は、ただ「せまい世間」の仲間たちに自分の行動をアピールしていただけかもしれません。しかし、SNSはその範囲をはるかに飛び越えて世界とつながっています。SNSに投稿する段階では、「せまい世間」も「ひろい世間」も直接目にすることはありません。自分の投稿した写真が「ひろい世間」の目にもさらされるということまで、想像できなかったのでしょう。

インターネットの世界は、まさに「口から出れば世間」という諺どおりです。(5) 表に出た情報は

「せまい世間」にとどまらず、あっという間に「ひろい世間」にまで広がっていくわけです。さらに、この問題がすでに「ひろい世間」で批判的にとらえられているにもかかわらず、その事実を認識していない若者がこれを模倣し、同様に批判を浴びるという事態も多々ありました。

当事者の若者にとっては、単なる悪ふざけだったのでしょう。しかし、この一連の出来事のなかには、結果的に店が倒産に追い込まれるなど、深刻な事態に至るケースもありました。それだけに、同様の事例に対しては事の重大さという点において、「せまい世間」からこれを止める声が聞かれることを願いたいところです。

とはいえ、昔の若者もこの程度の悪ふざけは日常的にしていました。たとえば、ほんの数十年前までは、文化財に落書きがされることはとくに珍しいことではありませんでした。城や神社仏閣などに自分の名前を書き、あとで摘発されるというケースもよくありました。修学旅行やデートなどで訪れた場所において、その記念として落書きをしているときには自分の「せまい世間」しか認識できていなかったのでしょう。

あとになって事の重大さに気付かされるという点では、不適切な投稿写真の構図とまったく同じです。つまり、ＳＮＳへの不適切写真の投稿という事例は、決して今の若者のマナー・モラルが低下したことを意味するものではないのです。

テレビというメディアは、「ひろい世間」の拡大に大きな役割を果たしました。そして今日、インターネットというメディアが「ひろい世間」の影響力をさらに強める働きをしています。すなわち、「ひろい世間」の目がより強固な力となって規範への従属を促すようになっているのです。この点を認識できていない若者が、今後、再び同様の問題を起こす可能性は十分にあると言えます。

高齢者が起こす問題

若者だけでなく、高齢者も同様に、「世間」に対する認識の欠如によると思われる問題を起こしています。その一つが、突然、高齢者が暴力を振るうという事件です。作家の藤原智美氏（一九五五〜）が著した『暴走老人』（二〇〇七年）でも注目されましたが、近年、高齢者が突然、いわゆるキレた状態になり、人を怒鳴りつけたり、ひどい場合は暴力を振るったりするケースが増えています。

矛先が向けられるのは、店で接客にあたっていた店員や役所の受付で対応していた職員、あるいは病院で診察をしていた医師などです。業務上、高齢者と直接やり取りをする立場にある人たちが攻撃を受け、刑事事件に発展してしまうケースも少なくありません。

（5）　一度口外すれば、たちまちその内容は世間に知れわたるという意味。

もちろん、こうした事例も昔からあり、近年、高齢者が急速に増えるなかで顕在化してきたという背景もあるでしょう。「キレる」高齢者の割合が高くなったかどうかはともかく、最近は実際に事件になるというケースが多いのは事実です。

問題を引き起こす高齢者は、すでに仕事をリタイアしており、企業・職場という「世間」から退いています。そのため、「せまい世間」はもちろん「ひろい世間」とのかかわりも薄くなっています。高齢者のなかには地域活動やサークル活動で活発に人と交流している人もいますが、多くの場合、その「せまい世間」はきわめて小さくなっています。「ひろい世間」についても、「将来、利害関係をもつであろう人々」という定義で考えると、これも明らかに小さくなっていると言えます。

「世間」が縮小したことにより、家の外で接する人の多くが「他人」ととらえられるようになります。それに伴い、行動を自制する力も弱くなり、暴走を引き起こしてしまうのだと考えられます。高齢者が増加の一途をたどるなか、この問題についても、今後さらに増える可能性があると言えるでしょう。

現在の日本社会で起きているマナー・モラルに関する問題を、「世間」というキーワードをとおして見てきました。もちろん、すべての現象を「世間」の文脈で読み解くことができるというわけではありません。それぞれの現象には、当然それぞれ異なる原因があるわけですが、なかでも「世間」に対する認識の絡む事例が多いことは間違いないでしょう。「ひろい世間」の拡大、「せまい世間」の流動化、そして両者の乖離《かいり》といった変化が、今日の日本で見られるマナー・モラルに関するさまざまな問題の背景にあると考えられるのです。

おわりに——あらためてマナー・モラルとは

日本人のマナー・モラルは、この約半世紀の間に飛躍的な向上を遂げました。かつて日本人に浴びせられていた数々の汚名は、見事にすすがれたわけです。その向上への転機となったのは、昭和三〇年代から四〇年代にかけての時期でした。そして、変化をもたらした最大の要因と言えるのが、日本人の「ひろい世間」の拡大だったのです。

もともと日本人は、「世間」の内側では同調を志向し、律儀で礼儀正しいことを重視する習慣をもっていました。だからこそ、こうした劇的な改善をもたらすことができたということも重要な点です。その意味では、日本人のマナー・モラルの向上は世界的にも稀有《けう》な現象だったと言えます。戦後日本の経済発展は「東洋の奇跡」とまで言われましたが、マナー・モラルの向上も、同様に「奇跡」だったと言っても差し支えはないでしょう。

「衣食足りて礼節を知る」——。

戦後の日本社会における変化を見たかぎりにおいて、二〇〇〇年以上前に生まれたこの言葉は、決して誤りではなかったのです。

本書では、ある人の行為によってほかの人が迷惑を被った、なんらかの悪い影響を受けた、あるいは世の中で規範とされている事柄に背いたといった事実を取り上げ、広く「マナー・モラルの問題」として紹介してきました。いずれの事例も、一般的な認識において「マナー・モラルの問題」と見なして差し支えないでしょう。ただ厳密には、「マナー・モラルの問題」という言葉が必ずしも適切でない場合があることも押さえておく必要があります。

「原因論」と「機会論」のところで触れたように、マナー・モラルの問題にはそれを引き起こす人自身の問題と、社会環境・システムの問題という二つの側面があります。同じ行為でも、悪意をもってなされるケースもあれば、やむを得ない事情があってなされるケース、あるいは偶然の成り行きで行われるケースもあります。

そもそも、人が日常的にする行為の九割以上は習慣によってなされると言われています。マナー・モラルに反する行為も、その多くは無意識のうちになされているとも考えられるでしょう。マナー・モラルに反すること、イコール行為者の問題ととらえられがちですが、その背景にも目を向け、問題の本質を見極めようとする努力も必要です。

同様に、マナー・モラルの点で秀でていることを指して、一概に人間性がすぐれていると見なすことも適切ではありません。第４章で紹介した山岸俊男氏は、さまざまな心理学の実験結果を踏まえたうえで、「集団主義社会（「世間」）で人々がおたがいに協力しあうのも、また、裏切りや犯罪が起きないのも、『心がきれいだから』という理由などではなく、『そう生きることがトクだから』という理由に他ならない」（『日本の「安心」はなぜ消えたのか』一〇三ページ）と述べています。マナー・モラルに反しない行為の裏には、戦略的な思惑が潜んでいるという認識も重要なのです。

本書では、日本人のマナー・モラルが昔に比べてよくなっていることを論じてきました。だからといって、「昔の日本人が今の日本人よりも人格的に劣っていた」と主張しているわけではありません。昔の日本人も、今の日本人も、本質的な部分においてはそれほど変わっていないと見るのが妥当と言えるでしょう。

マナー・モラルの向上は、歴史の流れのなかで生じたさまざまな要因によってもたらされた現象と見るべきであって、人間性の向上と同一視しないようにする必要があります。これは、日本の戦後史のなかで培われてきた、いわば歴史の産物なのです。

また、日本人が高いマナー・モラルを体現している事実について、それを誇りに思うこと自体は否定されるものではありません。ただ同時に、マナー・モラルの向上をもたらす要因となった先人たちの努力、すなわち経済発展を成し遂げ、社会環境を整備し、他方で地道にマナー・モラルの啓発を行ってきた多くの人たちの努力があったことも忘れないようにしたいところです。過去の日本人が築いてきたそうした地盤が背景にあってこそ、世界から称賛されるような高いマナー・モラルをもつ現在の日本社会があるのです。

最後に、マナー・モラルについてもう一点だけ補足して、本書の締めくくりとします。

本書では、過去との比較において日本人のマナー・モラルは高くなったということを述べてきました。このマナー・モラルの高さについては、海外と比較した場合においても同様のことが言えます。実際、今日の日本人のマナー・モラルは、諸外国の人々に比べて高いという評価が国際的な通説になっています。

二〇〇九年七月、アメリカの旅行会社「エクスペディア（Expedia）」は、観光客の国別の評判について調査した「エクスペディア・ベストツーリスト二〇〇九（Expedia Besttourist 2009）」を発表しました。それによると、三年連続で世界最良の観光客（ベストツーリスト）に選ばれたのは日本人だったとのことです。調査された全九項目のうち、「行儀の良さ（その国のマナーや一般的なエチケットを守る）」「礼儀正しい」「部屋をきれいに使う」「騒がしくない」「不平が少ない」の五項目において、日本人は一位に選ばれています（エクスペディアPR事務局プレスリリース、二〇〇九年七月一三日）。

かつては、「ホテルの廊下をステテコ、シャツ一枚の姿で闊歩《かっぽ》する」「酒を飲んで大声でわめき合う」「深夜まで他人のことをかまわず騒ぎ回る」「中年の婦人は、旅館で出す浴衣のようなものを着て散歩に出掛ける」「ホテル側はチェック・インのときいろいろ注意事項を言うが、これを守らない」（前掲『世界週報』参照）と散々な評判だった日本人が、その後約四〇年の時を経て、「世界最良の観光客」と称されるようになったのです。一般的に海外は「世間」の枠外に位置づけられるものですが、そこにも「ひろい世間」に対する意識が及ぶようになっていった結果だとも考えられます。

また、二〇一一年三月の東日本大震災が発生したあとには、日本人のマナー・モラルを評価する声が世界各地で上がりました。ある中国人は、次のように述べて、日本人が高いマナー・モラルを身に付けていることを評価しています。

> 「他人に迷惑をかけない」は日本人の常識である。（中略）「不愉快な思いをさせない」「心配させない」「イライラさせない」などが、他人に迷惑をかけないことに含まれる。（中略）日本人の忍耐強さや自立精神も、他人に迷惑をかけない気持ちから解釈できる。「ところ構わず痰《たん》や唾《つば》を吐く」「大声で騒ぐ」「列を乱す」「ゴミを散らかす」なども他人に迷惑をかける行為だとみなされる。（別冊宝島編集部編『世界が感嘆する日本人』二〇一一年、六二～六三ページ）

そんな日本人も、ほんの数十年前は外国人から、「〔車内では〕他の環境ではきちんとしている人たちが不必要に押し合い、へし合い、完全な野蛮人の如く振舞う。電車から降りることは冒険であり、上着を吹っとばす覚悟がいる。映画のキップを買う時も同様、肉体的な邪魔が現われる。飛行機のように座席数のきまっているものですら人が押し合う」（スムラー『ニッポンは誤解されている――国際派フランス人の日本擁護論』）と指摘されていました。

同様に、「長旅のおりなど、食堂車で席を見つけることがむずかしいので、駅弁を買ったり、食べものを持ち込む必要はわかる。けれども食べがらをそこらじゅう車床にまき散らすことについてはどんないいわけも許されない。わたくしの友人やわたくし自身がしているように、この人たちもくず物や紙、あきびんを入れる大きな紙袋を使うことができるはずです」（フランセス・A・ガントレット、讀賣新聞・一九六二年一月二一日付）とも言われていました。

右記の事例からも、日本人のマナー・モラルがここ約半世紀で格段に向上し、かつ世界的に見てもきわめて高い水準になったということが分かります。では、一方の外国人のマナー・モラルはどうなのでしょうか。日本人を高く評価するということは、つまり海外の人たちのマナー・モラルが低いことを意味するのでしょうか。

先の中国人の発言など、東日本大震災後に海外から寄せられた声から判断するかぎりでは、確かに諸外国の人たちは日本人よりもマナー・モラルが低いと考えられるかもしれません。たとえば、海外で東日本大震災のような大災害が起きれば、人々はパニックを起こして冷静さを失い、我先に逃げようとし、同時に食糧・物資の奪い合い、暴動や略奪、レイプなどの犯罪が多発して社会の秩序は失われる、といったイメージをもたれがちです。実際、海外の被災地で発生したさまざまな事件がメディアをとおして伝えられると、そんな悪いイメージは確信に変わります。

しかし、実のところ、海外でも災害に遭った地域の人々の大半は、きわめて冷静な行動をとっているのです。ごく一部の事件が大きく取り上げられ、それがステレオタイプ化されてしまうというケースが少なくないのです。

ひるがえって、東日本大震災の被災地でも、店舗荒らし・窃盗、避難所における性犯罪などの事件がなかったわけではありません。日本でこうした事件があまり表に出てこないのは、「あまり大ごとにすべきではない」という「世間」に対する意識が強いことが要因として挙げられます。「日本人は元来高いマナー・モラルを身に付けており、悪いことは起こさないはずだ」という思い込みも背景にあると言えるでしょう。

一方海外では、日本とは逆に、性悪説に基づいているとも言える庶民に対する悪いイメージにより、小さな出来事が大きな事件として扱われてしまうケースが少なくありません。一般庶民は、災害という非常時になると必ずパニックを起こし、社会秩序を破壊するという思い込みが、とくに権力者やメディアにもたれているのです。アメリカのノンフィクション作家、レベッカ・ソルニット氏（Rebecca Solnit, 1961〜）は、著書『災害ユートピア』（二〇一〇年）のなかで次のように述べています。

> 地震、爆撃、大嵐などの直後には緊迫した状況の中で誰もが利他的になり、自身や身内のみならず隣人や見も知らぬ人々に対してさえ、まず思いやりを示す。大惨事に直面すると、人間は利己的になり、パニックに陥り、退行現象が起きて野蛮になるという一般的なイメージがあるが、それは真実とは程遠い。二次大戦の爆撃から、洪水、竜巻、地震、大嵐にいたるまで、惨事が起きたときの世界中の人々の行動についての何十年もの綿密な社会学的調査の結果が、これを裏付けている。（前掲書、一〇〜一一ページ）

この作品は東日本大震災前（二〇一〇年）に書かれたもので、直接日本のことには言及していません。ただ、そこで紹介されている海外の事例から、災害時に人々が利他的な行動をとる現象は、決して日本にかぎったものではないことが分かります。

東日本大震災に際しては、バスターミナルや公衆電話などの前で人々が長い行列をつくって静かに順番を待つ様子が報じられました。また、足止めされた人たちが、駅などの階段でその両脇に座り、通行する人の邪魔にならないように配慮をするといった様子も伝えられました。こうした現場をとらえた写真が海外で報じられ、日本人のマナーのよさを称賛する声が上がったわけです。

この声を耳にして、あらためて日本人のマナー・モラルの高さに気付かされると同時に、海外の人は逆に、マナー・モラルが低いのだろうというイメージをもった人も少なくないでしょう。その認識は必ずしも正しいとは言えません。

ソルニット氏は同書で、二〇〇一年にアメリカ・ニューヨークで起きた「9・11テロ」で、ビルから避難した人の証言を紹介しています。

階段を降りていく途中、負傷者を下ろすために何度か立ち止まらなければならなかった。たとえば、「右に寄って、右に寄って！」なんて言葉が聞こえると、誰もが右に寄って、負傷者を通していた。そんなことが、三、四回はあったかな。階段の端のくぼみに入って待ち、また並び直さなければならない。そのとき、誰もが「いえ、いえ、お先にどうぞ」と譲り合っていた。そんな状況で人々が実際に「いや、どうかわたしの前に入ってください」なんて言えることが、信じられなかったよ。実に不思議だった。（前掲書、二五六ページ）

この当事者は、ビルの六五階で働いていた人です。こうした一般市民でも、人々が高いマナー・モラルを発揮していたことに驚いています。惨事に直面すると人々はパニックに陥るという誤ったステレオタイプがいかにはびこっているかを示す、象徴的な発言とも言えます。

あくまでも非常時の例ですが、外国の人々のマナー・モラルが決して低いと言えないことは事実です。日本人のマナー・モラルが世界的に高い水準にあるのは間違いありませんが、必ずしも特別ではないということは認識しておくべきでしょう。過去の日本人との比較同様、今日の日本人のマナー・モラルが高水準だから、日本人が人格的に他の国民・民族よりすぐれているとは言えないということです。


「はじめに」で触れたとおり、本書は『「昔はよかった」と言うけれど――戦前のマナー・モラルから考える』の続編にあたります。前著では、現在の基準で見た場合、「戦前よりも今日のほうが、マナー・モラルは高い水準にあると言える」と結論づけました。しかし、そこから派生する疑問、すなわち「では、日本人のマナー・モラルはいつ高くなったのか?」「高くなったとするのなら、その背景には何があったのか?」には答えていません。この問いに答えることが本書執筆の基点になっています。

その解答として、昭和三〇年代から四〇年代にかけての時期に向上に転じたこと、そして「ひろい世間」の拡大がマナー・モラルの向上をもたらしたことを、本書では一応の結論としました。

二冊の著書をとおして、日本の戦前・戦後におけるマナー・モラルの実態とその変遷を描いてきましたが、まだ触れていない歴史的事実は数多くあります。また、本書の内容から生じるさらなる疑問も少なくありません。それらを今後の課題としつつ、筆を擱《お》きたいと思います。

なお、本書の執筆に際しては、前作に続き株式会社新評論の武市一幸さんに大変お世話になりました。この場を借りて御礼を申し上げます。

二〇一六年四月

大倉幸宏

参考文献一覧

書籍・雑誌

・阿部謹也『世間への旅――西洋中世から日本社会へ』筑摩書房、二〇〇五年。
・阿部謹也『日本社会で生きるということ』朝日文庫、二〇〇三年。
・阿部謹也『日本人の歴史意識――「世間」という視角から』岩波新書、二〇〇四年。
・阿部謹也編著『世間学への招待』青弓社、二〇〇二年。
・阿部謹也・木村敏「『世間』と『社会』のあいだ」『諸君』二八巻三号、一九九六年。
・有地亨『日本の親子二百年』新潮選書、一九八六年。
・有光興記「日本人の恥と罪の意識の変化」『教育と医学』五三巻三号、二〇〇五年。
・アルフレッド・スムラー／長塚隆二・尾崎浩訳『ニッポンは誤解されている――国際派フランス人の日本擁護論』日本教文社、一九八八年。
・池田謙一・村田光二『こころと社会――認知社会心理学への招待』東京大学出版会、一九九一年。
・稲永由紀「規範意識形成研究における2つの立場――公共的場面における『モラル／マナー』低下問題をめぐって」『九州大学大学院教育学研究紀要』四五号、一九九九年。
・井上忠司『「世間体」の構造――社会心理史への試み』講談社学術文庫、二〇〇七年。
・イリヤ・エレンブルグ／原卓也・山田茂勝訳『日本印象記』中央公論社、一九五七年。
・岩井良太郎「日本製品ものがたり」『地上』五巻一一号、一九五一年。

・大石久和『国土が日本人の謎を解く』産経新聞出版、二〇一五年。
・大倉幸宏『「昔はよかった」と言うけれど――戦前のマナー・モラルから考える』新評論、二〇一三年。
・大志万準治「社会教育におけるオリンピック国民運動の推進について」『社会教育』一九巻六号、一九六四年。
・大牟羅良『ものいわぬ農民』岩波新書、一九五八年。
・岡本薫『世間さまが許さない！――「日本的モラリズム」対「自由と民主主義」』ちくま新書、二〇〇九年。
・小田亮『利他学』新潮選書、二〇一一年。
・勝部真長他『青年とモラル』文教書院、一九六一年。
・加藤周一編『外国人の見た日本5　戦後』筑摩書房、一九六一年。
・加藤地三「青少年は東京オリンピックで何を学んだか」『青少年問題』一一巻一二号、一九六四年。
・加野芳正『マナーと作法の社会学』東信堂、二〇一四年。
・雅粒社編「〝けしからん罪〟の追放」『時の法令』三〇二号、一九五九年。
・北折充隆『迷惑行為はなぜなくならないのか？――「迷惑学」から見た日本社会』光文社新書、二〇一三年。
・熊倉功夫『文化としてのマナー』岩波書店、二〇一四年。
・高度成長期を考える会編『高度成長と日本人3――列島の営みと風景』日本エディタースクール出版部、一九八六年。
・国立国会図書館編『ドキュメント　戦後の日本』大空社、一九九四～一九九八年。
・小堀旭「酒に酔って公衆に迷惑をかける行為の防止等に関する法律の概要」『警察研究』三二巻七号、一九六一年。

・小宮信夫『犯罪は「この場所」で起こる』光文社新書、二〇〇五年。
・坂口安吾『堕落論』角川文庫、一九九六年。
・笹島正一「国による作法の違いとモラル――外国人と接する法」『社会教育』一九巻六号、一九六四年。
・佐藤直樹「『世間』の現象学」青弓社、二〇〇一年。
・佐藤直樹『なぜ日本人は世間と寝たがるのか――空気を読む家族』春秋社、二〇一三年。
・重森臣広他編『規範の造成学――「造られる」規範と「政策」のはざま』勁草書房、二〇一四年。
・柴田徳衛『日本の清掃問題――ゴミと便所の経済学』東京大学出版会、一九六一年。
・清水新二『酒飲みの社会学――酔っぱらいから日本が見える』新潮OH!文庫、二〇〇二年。
・下斗米淳編『社会心理学へのアプローチ』（自己心理学6）金子書房、二〇〇八年。
・社会道徳研究会編『新しい生活と礼儀作法』大蔵省印刷局、一九五八年。
・Japanese National Commission for Unesco "Japan Its Land, People and Culture" ,Printing Bureau. Ministry of Finance, 1964.
・菅原健介『羞恥心はどこへ消えた?』光文社新書、二〇〇五年。
・菅原健介『ひとの目に映る自己――「印象管理」の心理学入門』金子書房、二〇〇三年。
・鈴木正仁他編『高度成長の社会学』世界思想社、一九九七年。
・世界週報編集部編「鼻持ちならない成り金根性――日本の悪評判（上）アジア篇」『世界週報』五一巻一号、一九七〇年。
・総務省統計局『日本長期統計総覧』日本統計協会、一九八七～一九八八年。
・大門正克『新生活運動と日本の戦後――敗戦から1970年代』日本経済評論社、二〇一二年。

・高木正孝『日本人の生活心理（改訂増補版）』創元社、一九五七年。
・高田利武『他者と比べる自分』サイエンス社、一九九二年。
・田中宣一「新生活運動と新生活運動協会」『成城文芸』一八一号、二〇〇三年。
・中央公論編集部「粗悪品（メイド・イン・ジャパン）の内幕」『中央公論』六三巻一一号、一九四八年。
・堤雅雄『増補版　矛盾する心――青年期心性の理解のために』晃洋書房、一九九九年。
・東洋経済新報社編「北京見本市の粗悪品問題」『東洋経済新報』二七五三号、一九五六年。
・永房典之編著『なぜ人は他者が気になるのか？――人間関係の心理』金子書房、二〇〇八年。
・中村陽吉『世間心理学ことはじめ』東京大学出版会、二〇一一年。
・西山哲治『悪教育の研究』弘学館、一九一三年。
・日本下水文化研究会屎尿研究分科会編『トイレ考・屎尿考』博報堂出版、二〇〇三年。
・日本民間放送連盟放送研究所編『ラジオ白書』岩崎放送出版社、一九六四年。
・野沢栄寿「東京都におけるごみの処理について」『新都市』一八巻六号、一九六四年。
・波多野勝『東京オリンピックへの遙かな道――招致活動の軌跡一九三〇～一九六四』草思社、二〇〇四年。
・バーナード・ルドフスキー／新庄哲夫訳『キモノ・マインド』ＳＤ選書、一九八三年。
・馬場錬成『中国ニセモノ商品』中公新書ラクレ、二〇〇四年。
・浜井浩一・芹沢一也『犯罪不安社会―誰もが「不審者」？』光文社新書、二〇〇六年。
・原吉雄「公徳心について――日本人的精神構造の分析」『愛知学芸大学名古屋教育研究所紀要』一号、一九六三年。
・福島香織他『世界で嫌われる中国』宝島社、二〇一四年。

・藤原智美『暴走老人！』文藝春秋、二〇〇七年。
・別冊宝島編集部編『世界が感嘆する日本人――海外メディアが報じた大震災後のニッポン』宝島社新書、二〇一一年。
・ベネディクト・アンダーソン／白石さや・白石隆訳『増補　想像の共同体――ナショナリズムの起源と流行』NTT出版、一九九七年。
・牧田茂『人生の歴史』（日本の民俗5）河出書房新社、一九七六年。
・御手洗毅ほか「メイド・イン・ジャパンの悲哀――世界的商品をつくる座談会」『文藝春秋』二九巻二号、一九五一年。
・緑川洋一写真集『大阪懐古』東方出版、二〇〇一年。
・宮本常一『復刻版　村の若者たち』家の光協会、二〇〇四年。
・森真一『日本はなぜ諍いの多い国になったのか――「マナー神経症」の時代』中公新書ラクレ、二〇〇五年。
・文部省体育局・社会教育局「オリンピックと社会教育」『文部時報』一〇四三号、一九六四年。
・柳田國男『定本　柳田國男集』第二十四巻・第二十九巻、筑摩書房、一九七〇年。
・山岸俊男『日本の「安心」はなぜ消えたのか――社会心理学から見た現代日本の問題点』集英社インターナショナル、二〇〇八年。
・山崎正和『柔らかい個人主義の誕生――消費社会の美学』中公文庫、一九八七年。
・ルース・ベネディクト／長谷川松治訳『菊と刀』講談社学術文庫、二〇〇五年。
・レベッカ・ソルニット／高月園子訳『災害ユートピア――なぜそのとき特別な共同体が立ち上がるのか』亜紀書房、二〇一〇年。

新聞

秋田魁新報・朝日新聞・大分合同新聞・京都新聞・産経時事・四国新聞・中部日本新聞・西日本新聞・日本経済新聞・毎日新聞・讀賣新聞

ウェブサイト

・一般社団法人ペットフード協会　http://www.petfood.or.jp
・エクスペディア　https://welove.expedia.co.jp
・OECD　http://www.oecd.org
・環境省　http://www.env.go.jp
・厚生労働省　http://www.mhlw.go.jp
・国土交通省　http://www.mlit.go.jp
・国会議事録検索システム　http://kokkai.ndl.go.jp
・少年犯罪データベース　http://kangaeru.s59.xrea.com
・政府広報オンライン　http://www.gov-online.go.jp
・内閣府大臣官房政府広報室　http://survey.gov-online.go.jp
・法務省　http://www.moj.go.jp
・ポーラ文化研究所　http://www.po-holdings.co.jp/csr/culture/bunken

著者紹介

大倉幸宏（おおくら・ゆきひろ）
1972年、愛知県生まれ。新聞社、広告制作会社勤務等を経てフリーランスのコピーライターに。広告媒体を中心に、幅広い分野で執筆活動を行う。著書に『レイラ・ザーナ―クルド人女性国会議員の闘い―』〔共編〕（2006年、新泉社）、『「昔はよかった」と言うけれど―戦前のマナー・モラルから考える―』（2013年、新評論）。

「衣食足りて礼節を知る」は誤りか
―戦後のマナー・モラルから考える―

2016年7月10日　初版第1刷発行

著者　大倉幸宏
発行者　武市一幸

発行所　株式会社　新評論

〒169-0051
東京都新宿区西早稲田3-16-28
http://www.shinhyoron.co.jp

電話　03(3202)7391
FAX　03(3202)5832
振替・00160-1-113487

落丁・乱丁はお取り替えします。
定価はカバーに表示してあります。

印刷　フォレスト
製本　中永製本所
装丁　山田英春

ISBN978-4-7948-1042-7

好評既刊

道徳に反する行為そのものは
昔も今も本質的には変わっていません。

「昔はよかった」と言うけれど

戦前のマナー・モラルから考える

大倉 幸宏 著

「戦前はこんなではなかった」って本当か？
「日本人の道徳は失われた」は真実か！？

戦前の各種資料を素材に道徳問題の背景と本質を考察、
社会を見るもう一つの視座を提示。

「天声人語」他、各紙誌にて続々と紹介。
池上彰氏をはじめ多くの識者から高い評価を得た第1弾！

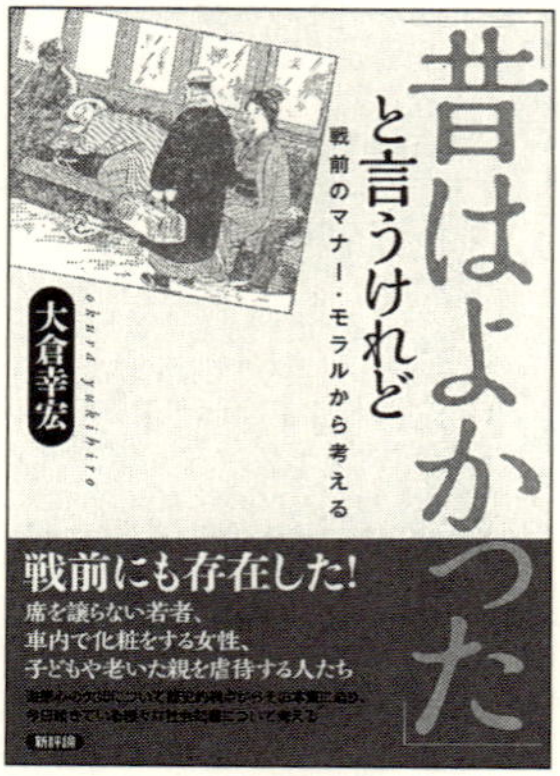

四六並製　248 頁
2000 円
ISBN978-4-7948-0954-4

＊表示価格は税抜本体価格です